OLD
STAIRS

처음

외국인과

스몰토크

저자 Mr.Sun

세상에서 가장 좋은 영어 공부법

누구에게나 자신만의 공부 방법이 있다. 성격과 경험 등에 따라, 우리는 각자 다른 자신만의 공부 방법을 익히고, 시도하고, 실행한다. 세상에 공부 방법은 많다. 그래도 분명한 것은, **가장 즐거운 방법이 가장 좋은 방법이라는 것이다.** 어떤 것을 배우려 하든, 똑같이 적용되는 원칙이다.

자, 여기 세상에서 가장 즐겁게 영어를 배울 수 있는 방법이 있다. 바로 낯선 외국인과 만나서 대화하는 방법이다. 조금의 배려, 조금의 상상력, 조금의 도전정신만 있다면 이 방법은 여러분의 영어 실력을 놀랍도록 향상시켜줄 것이다. **그럼, 준비되었는가?**

편집자 서평

대부분의 외국인은
낯선 외국인이다

 대부분의 영어회화 교재에는 주인공의 외국인 친구들이 등장한다. 하지만 영어를 갓 배우면서, 처음부터 외국인 친구가 있는 경우가 실제로는 얼마나 될까? 이 책의 기획은 그러한 생각에서 시작되었다.

 사실 우리가 만나는 대부분의 외국인은 낯선 외국인이다. 그러니 우리가 해야 하는 영어회화 준비도 외국인과의 일상적인 대화보다는 **낯선 외국인과 처음 만났을 때 하는 대화에 초점을 맞추어야 하는 게 옳다.** 이 책은 낯선 외국인을 만났을 때 대화를 하는 법, 그리고 그 외국인을 친구로 만드는 대화 기술을 단정하게 정리된 이론과 풍부한 사례연습을 통해 설명하고 있다.

우리는 흔히 외국인과의 대화를 통해 영어 실력을 늘릴 수 있을 것이라 생각하고, 그를 위해 외국인과 대화를 붙여보려 노력하고는 한다. 그러나 저자는 이러한 생각을 바꿀 것을 우리에게 요구한다. **영어 실력에 관심을 두지 않고 대화를 즐기려 노력해야 오히려 영어 실력도 자라게 된다는 것이다.** 즐거운 영어 공부에 도전하고 싶은 사람이라면 꼭 눈여겨봐야 할 책이다.

Step1

상대의 상태를 먼저 살펴라

Step 2

90

상황에 맞는 질문을 미리 발견하라

Step 3
대화에 대화를 맡겨라

Step 4

공통의 관심사를 발견하라

상대의 상태를
먼저 살펴라

처음 보는 상대에게 말을 건네는 데는 나름 용기가 필요하다. 하지만 모처럼 말을 건넨 상대가 퉁명스럽게 대답한다면? 속상함도 생기겠지만, 그보다는 다음에도 또 이럴까 싶어 두려운 마음이 들게 될 것이다. 그러니 대화 상대를 잘 선택해야 한다. 영어 실력이나 준비 상태는 그다음이 될 수밖에 없다. 그러므로 당연한 이야기라도 한번 짚고 넘어가려 한다.

그냥 쉽게 생각하자. 바빠 보이는 사람과 고민 있어 보이는 사람은 피하면 된다. 이 두 상황의 사람들과는 뭘 해도 안 된다. 입장을 바꿔 생각해도 마찬가지 아니겠는가? 내가 지금 바쁘고 고민이 있는데 낯선 사람과 잡담이나 나누고 싶은 기분이 들겠는가? 그래서 정반대의 경우를 생각해 보기로 했다. 가장 안 바쁘고 고민 없는 사람은 어떤 사람들일까? 예를 들어 이런 사람들이다. 당신도 지금 직접 마음속으로 발견해 보기 바란다.

개를 데리고 나와 공원
벤치에 앉아 있는 사람

약속 장소에서 친구를
기다리는 사람

공항에서 탑승 시간을
기다리는 사람

버스나 기차에서
옆자리에 앉은 사람

서점에서 어떤 책이
재미있을까 궁리 중인 사람

　이상 열거한 상황의 사람들은 모두 바쁘지 않고 고민 없는 상황일 확률이 높은 사람들이다. 당신이 발견한 사람들은 어떤 사람들인가? 그러나 이들과 비교해 훨씬 더 바쁘지 않고 훨씬 더 고민 없는 부류의 사람들도 있다. 그들은 바로 이들이다.

노숙자

여행객

　여행객들은 대부분 바쁘지 않고 별다른 고민도 없으
며 게다가 마음도 열려 있을 확률이 높다. 당신이 지금
다른 나라를 여행 중이라고 생각해 보자. 당신은 혼자
일 수도 있고 일행과 함께일 수도 있다. 들뜬 마음으로
이곳저곳을 찾아다닐 수도 있다. 신기하고 낯선 광경을
보며 탄성을 지를 수도 있을 것이다.

 그러나 아무리 맛있는 음식도 계속해서 먹을 수는 없 듯이 시각적인 행복도 몇 번 반복되다 보면 어딘가 허전함을 느끼게 된다. 누구나 한 편의 영화 같은 여행을 꿈꾸지만, 보통의 여행은 단조로운 영상처럼 이벤트 없 이 흘러가기 때문이다.

 이러한 마음은 당신이나 상대방이나 마찬가지이다. 같 은 지역을 여행하는 낯선 사람과의 만남은 그래서 어쩌 면 여행의 가장 중요한 추억거리일지도 모른다.

 상대가 여행객이라면 스스럼없이 말을 걸자. 분명히 반가운 얼굴로 대답할 것이다.

P.S. 정말 조심스러운 이야기이지만 당신이 지금 국민소득이 상대적으로 낮은 나라에 있다면 꼭 당신이 먼저 대화 상대를 선택해 말을 걸어야 한다. 만약 이런 나라에서 현지인이 먼저 당신에게 친근하게 말을 걸어 온다면 순수한 의도가 아닐 확률이 매우 높다.

우리 같은 버스
기다리는 것 같네요.

I think we are waiting for the same bus.

나처럼 큰 배낭을 멘 외국인과 아까부터 몇 번이고 눈이 마주쳤다. 버스 시간표에 적힌 시간이 다 되었는데 버스는 보이지 않는다. 짐작건대, 외국 인도 낯선 나라에서 버스가 오지 않자 영문을 몰라 두리번거리는 것 같다.

Excuse me, are you waiting for the bus too?

실례합니다, 저랑 같은 버스 기다리시나 봐요.

Yes, I think we are waiting for the same bus.

네, 그런 것 같네요.

Well, sometimes It doesn't come **on time**.

글쎄, 가끔 이렇게 버스가 늦더라고요.

Everything goes so slow in this country.

이 나라는 뭐든지 천천히 가는 것 같아요.

on time 숙 1. 시간을 어기지 않고, 정각에 2. 후불로, 환불로

I **agree.**
Oh, I will go ask the staff.
맞아요. 아, 저기 직원에게
제가 좀 물어보고 올게요.

Do you know why the bus is
not coming on time?
왜 버스가 제시간에 안 오죠?

The bus **got a flat tire**
on the way here.
버스가 이곳으로 오는 길에
타이어에 구멍이 났어요.

agree 동 1. 동의하다 2. 의견이 일치하다, 합의가 되다 3. 찬성하다, 승낙하다
got a flat tire 숙 (차·사람이 주어) 펑크가 나다

So there is no other bus?

다른 버스는 없는 건가요?

Right now, no.
It will come soon. Please
wait about 30 minutes.

네, 지금은요. 이제 곧 올 거예요.
30분 정도만 기다려 주세요.

Our bus **broke down.**

우리가 타야 할 버스가 고장이 났대요.

Oh my God. Don't say
the bus is not coming.

맙소사! 그럼 설마 버스가 없는 건가요?

break down 숙 1. 고장 나다 2. 실패하다 3. 아주 나빠지다

The bus will come.
But he said we will have to
wait about 30 minutes.

버스는 올 거예요.
하지만 30분은 기다려야 할 거래요.

It's burning hot. I'm **dying to**
get on the bus and take a rest
under the **air conditioner.**

더워 죽겠어요. 빨리 버스 타서
에어컨 밑에서 쉬고 싶네요.

Before you put your
backpack in the cabinet,
take a long sleeve jacket out.

짐칸에 배낭 넣기 전에
긴소매 외투는 하나 챙기세요.

dying to 숙 몹시 하고 싶은
air conditioner 명 에어컨, 냉방기
take something out 숙 (안에 있는 것을) 꺼내다

In my experience, It's
freezing cold sleeping
in the air-conditioned
bus for 10 hours.

제 경험상, 열 시간 동안 에어컨 바람
밑에서 자면 되게 춥더라고요.

You seem to know
a lot about traveling.
Are you traveling **alone**?

여행에 대해 많이 아시는 것 같아 보이네요.
혼자 여행 중이신가요?

Yes, and you?
네, 그쪽은요?

Good. I'm **alone** too.
Let's sit together.
잘됐네요. 저도 혼자예요.
버스에서 같이 앉아가면 좋겠네요.

freezing 형 얼어붙을 듯이 추운

alone 형 부 1. 혼자 2. 단독으로 3. 외로운

Tip

seem은 '~하는 것으로 보인다'라는 뜻입니다.

▎**It seems good.** 좋아 보이는군.

하지만 **seem**이 위와 같이 혼자 사용되는 경우는 흔치 않습니다. **good**과 같은 형용사가 아니라면 말이죠. 그래서 **seem**은 보통 **seem to**의 형태로 사용되죠.

▎**You seem to know something.** 당신은 뭔가 아는 것 같군요.

to 역시 혼자 사용되지는 않습니다. 보통 동사가 따라붙지요. 그중에 서도 가장 자주 사용되는 동사가 **be동사**입니다.

▎**It seems to be mine.** 이건 내 것 같은데?
▎**You seem to be good.** 좋아 보이는군.

seem이 자주 쓰이는 또 한 가지 용법은 **seem like**입니다. 하지만 이 것은 고민할 필요가 없어요. 왜냐하면, **look like**와 의미가 같기 때문 이죠.

▎**It looks like he is still sleeping.** 아직 자는 중인가 보군.
▎**It seems like he is still sleeping.** 아직 자는 중인가 보군.

그것 좀
눌러주시겠어요?

Could you press that, please?

손에 짐이 너무 많아서 엘리베이터 버튼을 누르기가 어려웠다. 그때 마침
인상 좋은 외국인이 엘리베이터에 탔다.

stuff 명 물건, 물질, 것(것들) 동 채워 넣다, 쑤셔 넣다

Yes, but I appreciate that we have an elevator.

네, 그래도 승강기가 있어서 다행이에요.

Are you delivering packages?

선물 배달이라도 하시나요?

 **Oh, come on. Do I look like a delivery man?**

오, 이런. 배달원처럼 보이나요?

Ah, I'm sorry, I didn't mean that.

아, 오해했다면 미안해요.

---

appreciate 동 고마워하다, 환영하다

delivery 명 배달

No, that's fine. I just
moved in not too long ago.

아뇨, 괜찮아요. 얼마 전에 이사 왔어요.

Oh, I see.
Nice to meet you.
I'm Paul from 7th floor.

아 그렇군요. 반가워요.
저는 '7층에 사는 폴이에요.

I'm Hannah. I will **shake
your hand** later. Haha.

전 한나예요. 악수는 나중에 할게요. 하하.

You must be **tired**
in this hot weather.

날도 더운데 힘들겠어요.

move in 숙 1. 이사해 오다, 입주하다 2. 들어오다 3. 개입하다
shake one's hand 숙 악수하다
tired 형 1. 피로한, 지친 2. ~에 싫증난 3. 지겨운

 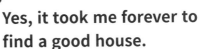

Yes, it took me forever to find a good house.

네, 좋은 집을 찾는 데 너무 오래 걸렸어요.

Can I help you if it is OK?

괜찮으시면 좀 도와드릴까요?

Thanks but aren't you busy?

고맙긴 하지만 바쁘지 않으세요?

I was going home **after work**.
Give me some.

일 끝내고 집에 들어가던 길이었어요. 이리 좀 주세요.

after work 숙 퇴근 후에, 일이 끝난 뒤, 업무를 마친 뒤

Thanks a lot.
정말 고맙습니다.

It is heavier
than I thought.
보기보다 무겁네요.

Yes, the box has
a lot of books in it.
네, 그 상자에 책이 많이 들었거든요.

I picked the **wrong** box.
제가 상자를 잘못 골랐군요.

wrong 형 틀린, 잘못된 부 잘못, 틀리게

hate 동 몹시 싫어하다, 증오하다 명 증오

Tip

다음 두 개의 표현을 비교해 보세요. 두 표현의 의미는 같습니다.

▌ **There are a lot of books in the box.** 상자 안에 많은 책이 있어요.

▌ **The box has a lot of books in it.** 상자 안에 많은 책이 있어요.

in it과 비슷한 표현이 문장 뒤에 붙는 경우를 익혀보겠습니다.

▌ **Coffee with a lot of cream on it** 크림을 듬뿍 얹은 커피

▌ **a T-shirt with a heart mark on it** 하트 마크가 새겨진 티셔츠

조금 엉망이네요, 그렇죠?

Looks a little bit messy, right?

책더미를 옆에 잔뜩 쌓아두고는 일을 하는데, 컴퓨터를 보랴 책더미를 뒤지랴 정신이 하나도 없었다. 외국인이 나를 빤히 쳐다보는 게 느껴졌다. 잠깐 쉬었다가 다시 시작할까?

Looks a little bit messy, right?
제가 너무 정신없어 보이죠?

No··· **Honestly**···
Yes, a little bit.
아뇨··· 솔직히···
네, 좀 정신없어 보이네요.

Yeah, I need to organize all these data.
네, 이 많은 자료를 다 정리해야 해요.

That won't be easy.
쉽지 않겠네요.

messy 형 지저분한, 엉망인
honestly 부 솔직히, 정말로
organize 동 1. (어떤 일을) 준비하다, 조직하다 2. 정리하다, 체계화하다

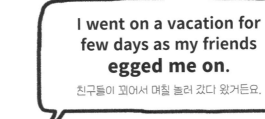

I went on a vacation for few days as my friends **egged me on.**

친구들이 꾀어서 며칠 놀러 갔다 왔거든요.

When is the **deadline**?

마감이 언젠데요?

Tomorrow.

내일이요.

You are **in trouble.**

정말 큰일 났네요.

egg on 숙 조정하다, 선동하다, 꼬드기다

deadline 명 마감, 마감일, 한계

in trouble 숙 곤경에 빠진, 난처한, 큰일 난

**I can already imagine
the angry face of my editor.**

벌써 편집자의 화난 얼굴이 눈에 보여요.

**But you don't
have to worry.**

너무 걱정하지 마요.

Why?

왜요?

**This cafe opens
for 24 hours.**

이 카페는 24시간이에요.

imagine 동 상상하다, 생각하다, (마음속으로) 그리다

worry 동 걱정하다, 불안하게 만들다

Hmm. That's a good news.
Then I will have to restart.
흐음. 그건 좋은 소식이네요.
그럼 저는 다시 일을 시작해야겠어요.

Is there anything I can help?
혹시 제가 도와줄 일도 있을까요?

Oh, Thanks. Actually
I need some help.
아, 감사합니다.
사실 도움이 좀 필요했어요.

OK. I will take a look.
I guess I can help you
with something.
네, 저도 옆에서 한번 볼게요.
음. 제가 도울 일이 있을 것 같네요.

Really? It could be
unfamiliar to you.
정말이요? 익숙하지 않을 텐데.

restart 동 다시 시작하다

take a look 숙 살펴보다

unfamiliar 형 1. 익숙지 않은, 낯선 2. 지식(경험)이 없는, 잘 모르는

In fact, I'm also working on those too.
I am used to this kind of work.
사실, 저도 비슷한 일을 하고 있거든요. 이런 작업에는 익숙해요.

Wow. Amazing.
Are you a gift
from God?
와, 정말 신기하네요.
신이 내려주신 선물인가요?

I will have
these data
in order first.
제가 자료를 보기 좋은 순서대로
일단 정리해 볼게요.

God

Yes, It will work out
faster than I thought.
네, 예상보다 일이 쉽게 풀릴 것 같아요.

Well, Let's
get started.
자, 시작해 볼까요?

angel
...

In fact 뿐 사실은, 실제로는
in order 뿐 순서대로, 정연하게

Is there anything I can help 는 **내가 도울 일이 있을까요?** 라는 뜻
이죠. 이 표현을 응용해서 여러 가지 다른 표현을 만들어 보죠.

▌**Is there anything I can help?** 제가 도울 일이 있을까요?
▌**Is there anything I can do about it?** 제가 할 수 있는 일이 있을까요?
▌**Is there anything you need?** 당신에게 필요한 것이 있을까요?
▌**Is there anything I have to do?** 제가 해야 할 일이 있을까요?

앞에 있는 **anything**을 뒤에 있는 **I can help**가 꾸미는 형태입니다.
Anything을 **선행사**라고 부르고 **I can help**는 **형용사절**이라 부르죠.
그 사이에는 **관계대명사**가 생략되어 있습니다. 이 책에서나 실제로나
가장 유용한 문법 표현이죠.

Episode
04

혹시 이 수리점 직원이신가요?

Are you staff of the repair shop?

전자 제품 수리점 앞에서 한 남자가 담배를 피우고 있다. 마침 수리점에 들를 일도 있고, 남자도 한가해 보인다.

Excuse me. Are you staff of the repair shop?

실례합니다. 혹시 이 수리점 직원이신가요?

Yes. May I help you?

네, 뭐 필요하신 것 있으세요?

I have a broken old vacuum cleaner at home. Can I fix it?

집에 오래되고 고장 난 진공청소기가 있거든요. 수리가 가능할까요?

How long have you used it?

얼마나 오래 사용하셨는데요?

repair shop 명 수리점, 정비소
vacuum cleaner 명 진공청소기

Almost 7, 8 years.
거의 7, 8년 된 것 같아요.

That thing is old.
오래되긴 오래됐네요.

Yes, it really is. I bought it when I **got married.**
정말 오래됐어요. 결혼할 때 산 물건이거든요.

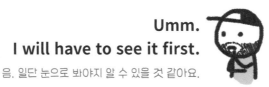

Umm.
I will have to see it first.
음. 일단 눈으로 봐야지 알 수 있을 것 같아요.

almost 부 거의

get married 숙 결혼하다

Is it **repairable**?

고칠 수는 있나요?

Well, I need to see what's broken and check the parts.

글쎄요. 어디가 고장 났는지 봐야 하고
부품도 확인해야 해요.

Yes, right.

하긴 그렇겠네요.

Why don't you **bring** that sometime? I will take a look.

한번 가져오세요. 잘 봐 드릴게요.

repairable 형 수리가 가능한
bring 동 가져오다, 데려오다

I will bring that tomorrow maybe.
내일쯤 가져올게요.

OK.
그러세요.

When do you close the shop?
보통 가게는 몇 시까지 하나요?

I am here from 2:00 until 6:00 in the afternoon. The shop opens from 10:00 in the morning until 8:00 in the evening.
저는 오후 2시부터 6시까지 여기 있고
가게는 오전 10시 개장, 저녁 8시 마감이에요.

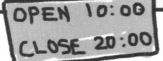

Tip

from until에 관한 표현을 알아볼까요?

▌From when until when will you be here?
몇 시부터 몇 시까지 여기 계실 건가요?

아마 **from until** 언제부터 언제까지 라는 표현이 가장 흔히 사용될 때는 **언제부터 지금까지 쭉**이라는 말을 하고 싶은 상황에서일 거라 생각하기 쉽죠. 그런데 아이러니하게도 이때는 오히려 **from until**을 사용하지 않아요. **since**를 사용합니다.

▌From yesterday until tomorrow 어제부터 내일까지
▌Since yesterday 어제부터 지금까지

since를 사용하면 자동으로 그 안에 **지금까지**라는 내용이 포함됩니다.

아기가 정말
귀여워요.

The baby is so cute.

아기가 누워 있는 유모차를 끌고 가는 외국인과 마주쳤다. 아기가 곤히
자고 있다. 아이 엄마도 인상이 참 좋아서 말을 걸기 쉬울 것 같다.

The baby is so cute.
아기가 정말 예뻐요.

Yes, isn't she?
She's so lovely.
그럼죠? 너무 사랑스러워요.

How could she have
such little hands and feet?
어쩜 손발이 이렇게 작죠?

Isn't it amazing?
신기하죠?

Yes, It is.
How old is she?
네, 너무 신기해요. 몇 살이에요?

She is
24 months old.
24개월 됐어요.

Two years old then.
She has your eyes.
두 살이군요.
눈이 엄마를 많이 닮은 것 같아요.

Really? Haha.
I don't know about that.
그래요? 하하. 전 잘 모르겠어요.

Yes,
You look alike.
정말이에요, 닮았어요.

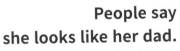

People say
she looks like her dad.
사람들은 아빠를 많이 닮았다고 해요.

alike 형 (아주) 비슷한

**Then you and your husband
must look alike.**

그럼 엄마 아빠가 서로 닮았나 봐요.

**Yes, right.
I heard that a lot
when we were dating.**

아, 맞아요. 데이트할 때 둘이
닮았다는 소리 많이 들었어요.

Most couples look alike.

부부들은 많이들 닮더라고요.

**I think so.
Are you married?**

그런 것 같아요. 그쪽은 결혼했어요?

husband 명 남편

No, not yet.
아니요. 아직이요.

Do you have a boyfriend?
남자친구는 있어요?

Yes, I will see him in a little bit.
네, 조금 있다 여기서 만나기로 했어요.

Then you guys could marry.
둘이 결혼하면 되겠네요.

yet 부 아직
in a little bit 숙 잠시 후에

Haha, who knows.
하하. 앞일은 알 수가 없죠.

If the baby looks like you,
she will be so cute.
당신 닮은 아이라면 예쁠 것 같아요.

I **hope** to have
a lovely baby.
저도 사랑스러운 아이를 갖고 싶어요.

Next time, why don't we
four people meet?
다음번엔 넷이 함께 만날까요?

hope 동 바라다, 희망하다, 기대하다 명 희망, 기대

**You mean
with my boyfriend?**

제 남자친구랑요?

**No, me and my baby,
you and your baby.**

아니요, 저랑 저의 아기,
당신과 당신의 아기요.

 **Haha. The next time
will be quite far away then.**

하하. 다음 만남은 꽤 오래 걸리겠네요.

mean 통 ~을 뜻하다, ~라는 뜻이다, ~라는 의미로 말하다

quite 부 꽤, 상당히, 지극히, 아주, 정말

far away 숙 멀리 떨어져

Tip

가족 사항에 관한 표현을 모아서 공부해 보겠습니다.

결혼 여부를 물을 때, 독신을 **solo**라고 하는 것은 잘못된 표현입니다.

▌Are you married or single?

가족의 구성원을 묻는 표현들입니다.

▌How many brothers and sisters do you have?
▌How many children do you have?
▌How many are there in your family?

몇째세요? 라는 표현은 영어에는 없습니다. 가족에서뿐 아니라 순서를 묻는 표현이 영어에는 없죠. 그래서 이런 식으로 일단 묻게 됩니다.

▌Are you the first child (in your family)?
▌Are you the first-born child (in your family)?

아들인지 딸인지 물을 때는 다음과 같이 말합니다.

▌Boy or a girl?

뭐 좀 여쭤봐도 될까요?

Can I have a question?

커피를 너무 마시고 싶었는데, 주변을 둘러봐도 카페가 보이질 않는다.
때마침 마주 오던 외국인이 커피를 손에 들고 있다.

Episode
06

Excuse me?
Can I ask you something?

실례합니다. 뭐 좀 여쭤봐도 될까요?

Sure.
그러세요.

Can I ask you where
you bought the coffee?

커피를 어디서 샀는지 물어봐도 될까요?

Oh, you are
looking for a cafe.

오, 카페를 찾고 있군요.

look for 숙 찾다, 구하다, 기대하다

**Yes, I can't find
any cafes around here.**

네, 주변에 카페가 보이질 않아서요.

To go or to **stay**?

가져가시나요 아니면 마시고 가시나요?

 I would like to sit and rest.

앉아서 쉴 수 있으면 좋겠네요.

**Ah, I will tell you the cafe
that I usually go to.**

아, 제가 자주 가는 카페를 소개해 드릴게요.

to go 형 (음식을 식당에서 먹지 않고) 가지고 갈

stay 동 계속 있다, 머무르다 명 머무름, 방문

usually 부 보통, 대개

**The coffee in your hand
must be from that cafe.**

들고 계신 커피가 그 카페의 커피인가 봐요.

Yeah, right.

네, 맞아요.

**Which way
should I go?**

어느 쪽으로 가야 하죠?

**Um… It is difficult to
explain. Just follow me.**

음… 설명하려면 복잡해요. 절 따라오세요.

difficult 형 어려운, 힘든, 까다로운

explain 동 설명하다, (이유를) 해명하다

far 형 가장 멀리(맨 끝에) 있는, 저쪽의 부 멀리

kind 형 친절한, 다정한 명 종류, 유형

That's a funny name.

재미난 이름이네요.

The cafe owner is also a funny man.

거기 사장님도 재미있어요.

In what way?

어떤 점이요?

He doesn't like salty taste, so he doesn't put salt in any food.

짠맛을 싫어해서 모든 음식에 소금을 넣지 않는대요.

owner 명 주인, 소유주

salty 형 소금이 든, 짠, 짭짤한

He is such a character.
특이한 분이네요.

Yes, It is a good thing that coffee doesn't have salt anyway.
네, 커피는 원래 소금이 들어가지 않으니 다행이죠.

Haha, yes. That's funny.
하하, 그렇죠. 재밌네요.

such a character 숙 특이하다, 독특하다, 특별하다

Tip

두 가지 종류의 커피에 대해 배워보죠.

▌**Iced coffee** 아이스 커피
▌**The coffee in your hand** 당신 손에 들린 커피

차이가 보이시나요? 첫 번째 커피는 커피가 뒤에 나오고 두 번째 커피는 커피가 먼저 등장합니다. 어떤 차이일까요? **커피(명사)를 꾸며줄 때 한 단어 형용사는 명사의 앞에, 두 단어 이상으로 긴 형용사는 명사의 뒤**에서 꾸밉니다. 대부분의 형용사는 두 단어 이상으로 길어서 **명사의 뒤**에서 꾸며주죠. 그래서 영어는 결론인 명사부터 말해야 합니다. **어떠어 떠한 커피**라는 식으로 명사가 가장 뒤에서 등장하는 우리말과는 다르게 말이에요.

저 사람 할리우드 배우 아니에요?

Isn't She a Hollywood actress?

카페 벤치에 외국인과 같이 앉아 있었다. 맞은편에 낯이 익은 여자가 횡단보도를 건너가고 있다. 맙소사! 그녀는 할리우드 배우였다!

**Oh, my god! Isn't she
a Hollywood actress?**

맙소사! 저 사람 할리우드 배우 아닌가요?

Who?

누구요?

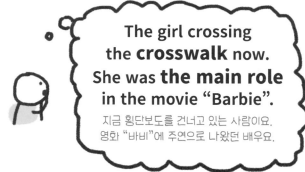

**The girl crossing
the crosswalk now.
She was the main role
in the movie "Barbie".**

지금 횡단보도를 건너고 있는 사람이요.
영화 "바비"에 주연으로 나왔던 배우요.

Ah, Margot Robbie?

아, 마고 로비요?

actress 명 (여성) 배우
crosswalk 명 건널목, 횡단보도
the main role 명 주연, 주인공

Yes, right. She is a lovely actress.

네, 맞아요. 정말 사랑스러운 배우죠.

Actually, she is not Margot Robbie.

저 사람은 마고 로비가 아니에요.

But look at her.
She looks definitely like her.

하지만 보세요. 정말 똑같이 생겼어요.

She is my friend who lives by my house.

저 사람은 제 옆집에 사는 친구예요.

definitely 🔊 확실히, 분명히, 절대로
live by 🔊 ~에 따라서 살다

Episode
07

Is your friend the actress then?
그럼 당신 친구가 배우인가요?

No, she is not an actress.
They just **look alike**.
그녀는 배우가 아니에요. 닮았을 뿐이에요.

I'm **disappointed**.
I wanted to ask for
her **autograph**.
그렇다면 실망이네요.
사인 받고 싶었는데.

Too bad.
안타깝군요.

But she really looks like her.
She must be very pretty
if I look **closely**.
근데 정말 많이 닮았네요.
가까이서 보면 미인이겠어요.

look alike 숙 같아 보이다
disappointed 형 실망한, 낙담한
autograph 명 (유명인의) 사인 동 사인을 해주다
closely 부 자세하게, 철저하게, 면밀히, 밀접하게

Yes. She really looks like the actress if she doesn't take off her sunglasses.
맞아요. 정말 많이 닮았죠.
선글라스를 벗기 전까지는요.

I would like to see her. I think it would be fun.
저도 보고 싶어요. 왠지 재밌을 것 같아요.

She might come to this cafe later.
이따가 이 카페에 올지도 몰라요.

I will drink slowly until then.
그때까지 천천히 커피를 마셔야겠어요.

But what if she doesn't take off her sunglasses?
하지만 그녀가 선글라스를 벗지 않는다면요?

take something off 숙 (옷 등을) 벗다

That would disappoint me.

그것도 실망인데요.

**She doesn't really
take the sunglasses off.**

그녀는 선글라스를 잘 벗지 않아요.

Why is that?

왜요?

I teased her a lot.

제가 많이 놀렸거든요.

tease 동 놀리다, 조롱하다 명 장난, 놀림

저는 실망했어요 라는 표현과 **그것은 실망스럽군요** 라는 표현은 어떻게 다를까요? 비슷한 의미이지만 주어가 무엇이냐에 따라 표현 방법은 달라집니다. 다음 몇 가지 예를 살펴보며 그 차이를 익혀보도록 하세요.

▌**That is disappointing.** 그것은 실망스럽군요.
▌**I am disappointed.** 저는 실망했어요.
▌**That is so exciting.** 그거 흥미진진한데요.
▌**I am so excited.** 저는 너무 기대돼요.

대체 무슨
일인가요?

What's going on?

마트를 갔는데 한쪽 코너에 사람이 정말 많았다. 정신없는 광경을 한
외국인과 같이 보고 있었다.

What's going on over there?

저쪽에 무슨 일 있나요?

They just announced a flash sale.

방금 안내 방송에서
깜짝 할인 안내가 나왔거든요.

How cheap is it to attract so many people?

얼마나 싸길래 저 많은 사람이 있는 거죠?

Buy one, get one free.

하나 사면 다른 하나를 공짜로 준대요.

flash sale 명 반짝 세일

cheap 형 (값이) 싼, 돈이 적게 드는 부 싸게

attract 동 1. 마음을 끌다 2. (어디로) 끌어들이다 3. (어떤 반응을) 불러일으키다

buy one, get one free 숙 원 플러스 원

What **product**?

어떤 물건을요?

I heard it's various beers.

다양한 맥주라고 들었어요.

Really? I've got to **get in line**.
Aren't you going to buy?

정말요? 저도 빨리 줄 서야겠어요.
그쪽은 안 사시나요?

I already have my
refrigerator full of beer.

저는 이미 냉장고에 맥주가 가득 찼어요.

product 몡 제품, 상품
get in line 숙 줄에 들어가 서다
refrigerator 몡 냉장고

You must be very **upset** if you bought them for the **retail price**.

정상 가격에 샀다면 속상하겠네요.

No, I bought them on the **same** sale event last week.

아니에요. 저번 주 같은 이벤트 때 샀거든요.

upset 동 속상하게 만들다, 속상하다 형 속상한, 마음이 상한

retail price 형 소매 가격, 소매가

same 형 같은, 동일한, 똑같은

Good. I've got to go before it gets **sold out**.

다행이네요. 다 팔리기 전에 저도 가봐야겠어요.

Popular beers get sold out real quick. Hurry up.

인기 있는 맥주는 금방 떨어져요. 빨리 가보세요.

I will ask you one more thing.

하나만 더 여쭤볼게요.

Sure. Go ahead.

네. 얼마든지요.

sold out 형 매진된, 다 팔린

popular 형 인기 있는, 대중적인

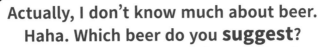

Actually, I don't know much about beer.
Haha. Which beer do you **suggest**?
사실 맥주를 잘 몰라요. 하하. 어떤 맥주를 사면 좋은 걸까요?

Just **pick** some beer
in pretty bottles. Haha.
그냥 병이 예쁜 맥주를 고르세요. 하하.

That should work.
그럼 되겠네요.

Yes. Good luck.
행운을 빌어요.

suggest 동 1. 제안하다, 제의하다 2. 추천하다 3. 시사하다, 암시하다
pick 동 고르다, 선택하다, 뽑다

Tip

여러 가지 할인에 관한 표현을 배워보겠습니다.

▌**Half price of it** 이것의 반값
▌**Double the price of it** 이것의 두 배 가격
▌**Buy one, get one free** 1+1 행사
▌**Buy one, get one half price** 하나 사면 하나는 반값
▌**3 for 2** 세 개를 두 개 가격에
▌**10 dollars off** 10달러 할인

괜찮으세요?

Are you OK?

한 외국인이 창백한 얼굴로 식은땀을 흘리고 있었다. 그는 아파 보였다.
왠지 도움을 주고 싶어졌다.

**Are you OK?
Are you sick?**
괜찮아요? 어디 아픈가요?

**Yes, I suddenly got dizzy
and it's hard to walk.**
네, 갑자기 빈혈이 와서 걷기가 어렵네요.

**Does it happen for
the first time?**
이런 일이 처음인가요?

**No. It sometimes
happens.**
아니에요. 종종 이래요.

**Do you have
any medicine?**
복용하는 약은 없나요?

**I usually do,
but I forgot
to bring today.**
있는데 깜빡 잊고
약을 안 가지고 나왔어요.

sick 형 1. 아픈, 병든 2. (속이) 메스꺼운, 토할 것 같은
dizzy 형 어지러운
medicine 명 1. 약, 약물 2. 의학, 의술, 의료

Oh, dear.
Take a seat over there.

저런, 일단 저쪽에 앉아 보세요.

Is there any **pharmacy** around here?

여기 주변에 가까운 약국이 있나요?

Umm, yes.
But I don't think you can make it there with your **condition**.

음, 네. 하지만 지금 상태로는
거기까지 걸어가기도 힘들어 보여요.

take a seat 숙 자리에 앉다
pharmacy 명 약국
condition 명 상태

I get better fast when I take
prescribed medicine.

그래도 처방받은 약만 먹으면 금방 좋아져요.

I will go buy you some medicine.

제가 대신 약을 사다 줄게요.

That's so nice of you.

정말 친절하시네요.

It's nothing.
Actually my sister
feels dizzy too
and this **situation**
happens **often**.

별것 아니에요.
사실 제 언니도 빈혈이 있어서
종종 이런 일이 일어나거든요.

prescribe 동 처방을 내리다, 처방하다, 처방전을 쓰다
situation 명 상황, 처지, 환경
often 부 자주, 흔히, 보통

The **pain** is not a joke.

고통이 장난이 아니죠.

 So don't be sorry and just stay here.

그러니깐 미안해하지 말고 좀 앉아 있어요.

OK. Then I will **owe you a favor.**

그렇군요. 그럼 부탁 좀 드릴게요.

 OK. Let me know what medicine you need.

네. 필요한 약을 알려주세요.

pain 명 1. (육체적) 아픔, 통증, 고통 2. (정신적) 고통

owe a favor 숙 신세를 지다

Here is the **prescription**
and money. I appreciate
your help.

여기 처방전이랑 돈이에요. 진심으로 감사해요.

It's OK. Stay here
and **take it easy.**

괜찮으니 잠깐만 여기서 쉬고 계세요.

OK. You don't need to **rush.**
Don't run and **get tired.**

네. 너무 서두르지 않아도 돼요. 힘들게 뛰지 마세요.

prescription 명 1. 처방전 2. 처방된 약 3. 처방
take it easy 숙 진정해라, 걱정 마라
rush 동 급히 움직이다, 서두르다 명 바삐 서둘러야 하는 상황
get tired 숙 지치다, 피곤하다

Medicine you need는 **당신에게 필요한 약**이라는 뜻이죠. 이 표현을 응용해서 여러 가지 다른 표현을 만들어 보죠.

▌**medicine I need** 나에게 필요한 약
▌**a book I need** 나에게 필요한 책
▌**a book I read** 내가 읽은 책
▌**the movie we saw** 우리가 본 영화

어떤가요? 얼마든지 더 만들어 낼 수 있겠죠? 간단하게 익힐 수 있는 이 표현이 사실은 영어에서 가장 중요하다고 불리는 **형용사절** 표현입니다. 앞에 있는 **medicine**을 **선행사**라고 부르고 뒤에 있는 **I need**는 **형용사절**이라 부르죠. 그 둘의 사이에는 **관계대명사**가 생략되어 있고요.

혹시 휴지가 필요하신가요?

Do you need some tissue?

시골의 어느 조그마한 마을에 있는 버스 터미널이었다. 버스는 오지 않고 버스를 기다리는 것으로 보이는 외국인이 계속해서 코를 푼다. 그녀는 매 번 같은 손수건을 쓰고 있었다.

Do you need some tissue?
혹시 휴지 필요하세요?

Yes, I do. I've got a
runny nose and **used up**
my whole tissue.

네. 정말 필요해요. 코감기 걸려서
한 통을 다 써버렸어요.

That sucks. In a hot weather
like this, I can't imagine how
uncomfortable that would be.

안됐네요. 날씨가 이렇게 더운데,
감기 걸리다니 불편하시겠어요.

runny nose 명 콧물
use up 숙 다 써버리다
that sucks 숙 (비속어) 정말 안됐다, 별로다
uncomfortable 형 불편한

I slept with the air conditioner on last night at the hotel and caught a cold.

어제 호텔에서 에어컨을 틀어놓고
잠들었더니 감기에 걸렸네요.

Did you take any medicine? If you need, I can give you some.

감기약은 먹었나요? 필요하시면
제가 드릴 수 있어요.

No, thanks. I don't really like taking medicine.

아니요. 제가 약 먹는 걸 별로 좋아하지 않아서요.

catch a cold 숙 감기에 걸리다

Just keep this **in case.**
It's not so easy to find
a **drug store** or hospital around.

그래도 혹시 모르니 하나 가지고 있어요.
이 주변은 약국이나 병원 찾기가 쉽지 않은 것 같아요.

Oh, Thank you.

아 그럴까요. 정말 고마워요.

Once we get on the bus,
it will **take a while** anyway.
So taking medicine will help
you sleep better in the bus.

어차피 버스 타면 또 한참 가야 하니,
약을 먹으면 버스 안에서 한숨 푹 잘 수 있을 거예요.

That would work.

오 좋은 생각이네요.

(just) in case 숙 혹시라도 ~할 경우에 대비해서
drug store 명 약국
take a while 숙 시간이 좀 필요하다

**It is horrible to
be sick on a trip.**

여행에서 아프면 정말 고생이죠.

**Yes, it is. I feel bad that
I just came here few days
ago and got sick.**

맞아요. 아직 여행 온 지 며칠 되지도
않았는데 아파서 속상해요

I hope you get better soon.

빨리 낫길 바랄게요.

**That's so kind of you.
I would like to buy you
lunch or something when
we get to the city.**

정말 친절하시네요. 도시에 도착하면
숙소에 짐 풀고 점심이라도 사고 싶어요.

horrible 형 1. (비격식) 지긋지긋한, 끔찍한 2. 소름끼치는, 무시무시한

ago 부 (얼마의 시간) ~전에

get better 숙 (병·상황 따위가) 좋아지다, 호전되다

Oh really? I'm **glad.**
I was **getting sick of**
eating alone.

아 정말요? 기쁘네요.
혼자 밥 먹는 게 좀 질려가던 참이었어요.

Can I have
your number?

연락처 있으세요?

그쪽 연락처는요?!

glad 형 1. 기쁜, 반가운 2. 고마운 3. 기꺼이 ~하려는
get sick of 숙 ~에 염증이 나다

Tip

Once는 **한 번**이라는 뜻이죠. 물론 횟수를 셀 때 쓰이는 말입니다.

▌**Once** 한 번
▌**Twice** 두 번
▌**Thrice, Three times** 세 번
▌**Four times** 네 번

이 중에서도 특히 **Once**에는 독특한 기능이 있습니다. 절의 맨 앞에 쓰이면 **한 번만 ～해보면**이라는 의미의 표현이 됩니다.

▌**Once you eat, you will like it.** 한 번 먹어보면 좋아하게 될 거야.

사실 이런 경우에 **Once**는 **If ～once**의 줄임이라고 볼 수 있어요.

▌**If you eat once, you will like it.** 한 번 먹어보면 좋아하게 될 거야.

2

상황에 맞는 질문을
미리 발견하라

처음에 어떤 말로 대화를 시작하는 것이 좋을까? 이것은 영어가 아닌 관찰의 문제다. 생각해보라.

처음 보는 낯선 이에게 스스럼없이 말 거는 일은 우리 문화에서는 보기 드문 일이다. 다시 말해 우리에게는 참으로 익숙해지기 어려운 일이다. 그래서 우리는 흔히 이런 일에 결심이나 용기 따위가 필요하다고 생각해 버린다. 하지만 실제 우리에게 필요한 것은 상대에 대한 관찰이나 상황에 대한 관찰이다.

그렇다고 무슨 첩보영화나 탐정영화에 등장하는 대단한 관찰력을 요구하는 것은 아니다. 단지 상대와 상황에 대해 조금의 관심만 기울이는 것으로 충분하다. **상대에게 관심을 기울이면 저절로 하고 싶은 말이 생각날 것이다.**

그래도 어렵게 느끼는 분들이 있다면 좀 더 쉬운 방법을 생각해 보자. **우선 말을 걸고 싶은 상대가 있다면 그 상대**

를 혼잣말로 한번 묘사해 보자. 예를 들어 멋진 중절모를 쓰고 있는 사람이라거나, 자기 몸보다 무거워 보이는 커다란 가방을 들고 있는 여인이라고 말해 보는 식이다. 이렇게 말해 보는 순간 우리는 이미 상대에 대한 관찰이 끝나고 말을 걸 만한 포인트를 찾게 된다.

"그 모자는 정말 멋져 보이네요."
I like your hat. It looks so nice.

"이사라도 하시나 보네요. 제가 좀 도와드릴까요?"

Are you moving your whole house?
Please let me help you.

You must be moving your whole house.
Do you need some help?

"혹시 외계인의 존재를 믿으세요?"
Do you believe in aliens?

생각보다 어렵지 않다. 그저 관찰하는 대로 가볍게 한 마디 던져보면 되는 것이다. 더구나 다음 이야기를 읽고 나면 더욱 쉽게 느껴질 것이다.

첫 마디를 건다는 것은 어떤 의미인지 생각해 보자. 이 질문에서 이미 조금은 느낄 수 있는 것처럼 **첫 마디를 건다는 것은 그 행위 자체에 의미가 있다. 그저 말을 걸었다는 사실 그 자체가 중요하다는 것이다.**

대화의 첫 마디에서는 "난 지금 너와 대화를 하려 해. 넌 어떠니?" 하는 의사를 전달하는 것만으로도 충분하다. 즉 첫 마디로 어떤 말을 걸었는지는 사실 그다지 중요한 문제가 아니라는 것이다. 상대가 이상하게 여길 만큼 괴상망측한 질문만 아니라면 어떠한 말이라도 상관없다.

단지 자연스럽기만 하면 된다. 그런 면에서 오히려 어떤 말을 하는가보다는 말투나 표정이 더 중요하다. 자신감 없는 표정이나 말투로 말을 한다면 어떤 말로 시작한다 해도 자연스러운 대화로 이어지기는 어려울 것이다.

그렇다면 우리에게 용기가 필요한 것일까? 아니 전혀 그렇지 않다. 말을 거는 데 용기 따위는 필요하지 않다. 여기에는 여러 가지의 이유가 있다.

첫째, 낯선 사람에게 말 거는 것은 원래 자연스러운 것이다. 한국인들을 제외하고 말이다. 한국을 제외한

다른 대부분의 문화권에서는 가볍게 말 거는 것이 오히려 자연스럽다. 예를 들어 엘리베이터 안에서 낯선 사람을 만났을 때, 서양 문화에서는 당연히 눈을 마주치며 가볍게 웃는다. 혹시 나를 위해 기다려 주었거나 버튼을 눌러 주었을 때는 당연히 고맙다고 인사한다. 오히려 상대에게 털끝만큼의 관심도 없다는 듯 무시하는 경우를 더 불편하게 여긴다.

 물론 우리나라 말고도 이렇게 행동하는 문화권이 여럿 있다. 대표적인 경우가 일본인데, 일본인들은 워낙 예의 갖추기를 좋아하기 때문에 누군가 말을 걸어왔을 때 무례하게 행동할 확률은 거의 없다. 마음속으로는 어떨지 모르지만 말이다.

 둘째, 우리에게 그들이 외국인이듯이 그들에게도 우리는 외국인이다. 우리가 외국인의 문화에 대해 잘 알지 못하듯이 그들도 마찬가지이고, 따라서 서로에 대해 좀 더 큰 문화적인 관용을 베풀게 된다.

셋째, 당신이 만약 자연스럽지 못한 마음가짐, 예를 들어 이 책에서 배운 내용을 시험 삼아 해 봐야겠다고 결심을 하더라도 상대가 이를 눈치챌 확률은 거의 없다. 아무리 뻔한 핑계라 하더라도 상대는 절대 그것을, 당신이 단지 대화를 붙이기 위해 그럴싸한 핑곗거리를 찾았을 뿐이라는 것을 눈치채지 못할 것이다.

예를 들어 어떤 상대를 만났고 말을 걸어보고 싶은데 그럴싸한 말이 절대 생각나지 않는 상황이라 가정해 보자. 그래서 당신은 너무나도 뻔한 질문, 너무 뻔해서 생각만 해도 얼굴이 빨개질 만큼 부끄러운 질문을 하나 생각해 냈다. 그것은 바로 '지금 몇 시예요?'였다.

입장을 바꾸어놓고 생각해 보자. 이러한 질문을 받았을 때 지금 몇 시인지 시계를 확인하고 대답해 주는 것

외에 도대체 어떤 생각을 할 수 있다는 말인가? 심지어 질문한 사람의 손목에서 째깍째깍 잘 돌아가는 시계를 발견했다고 해도 상황은 달라지지 않을 것이다.

"지금 몇 시예요?"
Excuse me. What time is it now?
Excuse me. Do you have the time?

넷째, 세상엔 60억 명의 외국인이 있다. 말이 잘 통하지 않는다 싶다면 그냥 흘려보내도 그만이다. 여러분이 잘 알고 있는 바와 같이 한국인들은 정말이지 대단

한 집념을 가진 민족이다. 그래서 처음 말을 건 외국인
과 대화가 통하지 않는데도, 뭐라도 성취하려고 계속해
서 달라붙을까 오히려 두렵다.

 부탁하건대 그러지 마라. 그럴 필요가 없다. 그저 재
미로 하는 일에 뭐하러 그런 집념을 보이느냐는 말이
다. 말이 잘 통하지 않으면 그냥 훌훌 털어내고 다른 대
화 상대를 찾자. 욕심 없이 가벼운 마음이어야 상처도
받지 않는다. 그저 '실례지만, 뭐 좀 여쭤봐도 될까요?'
하고 한마디 던지고 나면 상대가 당신에게 다음 할 말을
보여줄 것이다.

"실례합니다. 뭐 좀 여쭤봐도 될까요?"
Excuse me. Can I have a question?
Excuse me. May I ask you something?

마지막으로 어떤 말을 걸 것인가 준비하는 데 있어 한 가지 팁을 이야기하자면 한 마디가 아니라 두 마디를 준 비하라는 것이다. 이것이 가장 실전적인 조언일 것이다.

바둑에 이런 말이 있다. '세 수 앞을 보면 고수다.' 바 둑에서와는 다르게 대화에서 세 수는 그다지 어렵지 않 다. 내가 말을 걸면 상대가 어떤 대답을 할 것이고, 거 기에 따라 다음 대답 정도만 준비해놓으면 되는 것이 다. 예를 들어 방금 등장한 그 부끄러운 질문, '지금 몇 시예요?'를 감행했다고 생각해 보자. 상대는 아마도 전화기를 꺼내 시각을 확인하고 당신에게 말해줄 것이다. 그때 당신은 어떤 말을 할 것인가? 그냥 *Thank you.* 하고 돌아설 수는 없는 일 아닌가? 그래서 준비가 필요하다는 것이다. 당신이라면 어떤 말을 준비하겠는가?

"정말요? 이 도시에서는 시간이 정말 빨리 가요."
Really? Time flies in this city.

물론 이것을 사용하게 될지 그렇지 않을지는 알 수 없다. 잊지 말자. 어떤 것에든지 집착을 한다면 오히려 손해가 크다.

뭐 좀 여쭤봐도
될까요?

Could I ask something?

새로 이사를 온 동네는 아직 뭐가 뭔지 하나도 모르겠다. 산책하는 중에 편한 옷차림에 인상이 좋은 외국인을 발견했다. 친절해 보이니 동네에 대해 좀 물어봐야겠다.

interview

Excuse me.
Could I ask something?
실례합니다. 뭐 좀 여쭤봐도 될까요?

Certainly.
네, 얼마든지요.

Do you live in this town?
이 동네 사시나요?

Yes.
네.

How long have you lived?
얼마나 오래되셨어요?

Hmm. About 3 years.
Are you interviewing me?
흠. 3년 정도 됐네요. 인터뷰하는 중인가요?

---

certainly 튀 1. 틀림없이, 분명히 2. 그럼요, 물론이지요

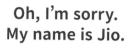

**Oh, I'm sorry.
My name is Jio.**

아, 이런 실례했네요. 저는 지오예요.

**I'm Dave.
Nice to meet you.**

저는 데이브예요. 반가워요.

I just moved here last week.

지난주에 이 동네로 이사 왔어요.

**Oh, I see. You are my
neighbor, not a reporter.**

아 그렇군요. 기자가 아니라 동네 이웃이었군요.

neighbor 몡 이웃, 옆자리 사람
reporter 몡 기자, 리포터

Yes, I've got some **questions**.

네, 좀 궁금한 게 있어요.

Tell me. What's up?

네, 말해 봐요. 어떤 문제가 있나요?

There is a market by my house but it's so **expensive**.

네, 이사 온 집 옆에 마트가
하나 있는데 가격이 너무 비싸요.

Do you know any **less** expensive market around?

혹시 좀 저렴한 마트를 알려 주실 수 있나요?

Where is your house?

집이 어느 쪽이죠?

question 몡 질문, 의문

expensive 몡 비싼, 돈이 많이 드는

less 뷔 더 적게, 덜하게

Turn left at the **crossroad** ahead.
Then, go straight a little bit.

저 앞 사거리에서 왼쪽으로 조금 가면 돼요.

Oh, I think I know that market
over there. That is the only market
in that **area** so It's expensive.

아, 그쪽에 마트 저도 알아요.
맞아요. 거기가 주변에 하나뿐인 마트라서 비싸요.

Yes, I was surprised because It's a lot
more expensive than the market
I usually went to in my **previous** town.

네, 이전에 살던 동네 마트보다 너무 비싸서 놀랐어요.

I will let you know the other market
that is **inexpensive** and nice.

제가 싸고 괜찮은 마트를 알려드릴게요.

crossroad 명 교차로, 골목길, 샛길

area 명 지역, 구역, 영역

previous 형 이전의, 먼젓번의, 바로 전의

inexpensive 형 비싸지 않은

Good. I have so many things to buy anyway.
잘됐다. 안 그래도 사야 할 물건이 많았거든요.

You will like it because they have various stuff.
거기 물건 종류도 다양해서 아마 마음에 들 거예요.

Is it very far from here?
여기서 많이 먼가요?

No, It's close. You can find it soon.
아니에요. 가까워요.
금방 찾을 수 있을 거예요.

OK. Thanks for the info. I hope to see you often.
그렇군요. 좋은 정보 고마워요.
이웃 주민이니 자주 만났으면 좋겠네요.

Yes. I will say "hello" next time we meet.
네, 다음에 만나면 알은척할게요.

various 형 여러 가지의, 각양각색의, 다양한

info 명 (비격식) 정보

Tip

어떤 일을 해야 한다고 말할 때 쓸 수 있는 표현에는 세 가지가 있습니다.

▌**You must do it.** 하는 수밖에 없다.
▌**You have to do it.** 하는 수밖에 없다.
▌**You should do it.** 하는 편이 가장 좋다.

하지만 위의 세 표현을 부정문으로 고친다고 해서 전부 **하지 말아야 한다**는 뜻이 되지는 않습니다.

▌**You must not do it.** 그러지 말아야 한다.
▌**You shouldn't do it.** 그러지 말아야 한다.

그렇다면 **have to**의 부정문은 어떤 의미일까요?

▌**You don't have to do it.** 그럴 필요가 없다. (해도 되지만 할 필요가 없다.)

당신이 그린 건가요?

Did you draw these?

거리를 지나고 있었다. 그 거리에는 화가가 있었고 그의 그림들은 멋있었다.

또한, 화가의 인상도 좋았다.

Did you draw these pictures by yourself?

당신이 직접 그린 그림들인가요?

Yes, all these pictures here were drawn by me.

네, 여기 있는 그림 전부 다 제가 그린 거예요.

They are so beautiful.

그림이 정말 아름답네요.

Do you like pictures?

그림 좋아하세요?

Yes, I do.
네, 좋아해요.

Nowadays, people like taking pictures more than drawing.
요새 사람들은 그림 그리는 것보다
사진 찍는 걸 더 많이 하죠.

 Ya, right. Did you sell many drawings today?
맞아요. 그림은 많이 팔았나요?

Most people just watch. You know.
대부분 구경만 하고 잘 사지는 않아요.

nowadays 부 요즘에는

That's too bad.
I like this picture the most.
How much is it?

안타깝네요. 저는 이 그림이 가장 마음에 들어요.
이 그림은 얼마에 파나요?

Each picture here is
20 bucks.

여기 있는 그림 모두 20$씩이에요.

I will take this one.
이 그림을 살게요.

Is it a present for someone?

선물할 건가요?

bucks 명 달러, 돈, 금액
present 명 1. 선물 2. 현재, 지금

No. I am going to hang it in my kitchen.
아니에요. 집 부엌에 걸어두려고요.

It will look nice there.
잘 어울리겠네요.

Yes, I think so.
네, 그럴 것 같아서요.

I will give you a special 10% off.
특별히 10% 할인해 드릴게요.

hang 동 1. 걸다, 매달다, 걸리다, 매달리다 2. 내려오다

Oh, is that okay?
그래도 되나요?

**I feel happy because
you like my picture.**
제 그림을 좋아해 줘서 기분이 좋거든요.

**I'm happier that
I got it for a cheap price.**
저도 저렴하게 사서 더 기쁘네요.

**It seems like
It's going to rain soon.**
비가 올 것 같아요.

Oh, yes. the weather got cloudy already.
그러네요. 날씨가 어느새 흐려졌네요.

I think I need to go back home, too.
오늘은 이만하고 들어가 봐야겠어요.

I have no umbrella so I've got to get going too.
저도 우산을 안 가지고 와서 빨리 집에 가야겠네요.

OK. I'm always here.
네. 저는 항상 여기 있어요.

Good. I will tell my friends about you.
네. 제 친구들한테도 여기 소개 많이 할게요.

Thanks. Take care.
고마워요. 조심히 가요.

cloudy 형 흐린, 구름이 잔뜩 낀
take care 숙 몸 건강해 (헤어질 때의 인사말)

Tip

최상급을 표현하는 **most**는 항상 **the**와 함께 쓰입니다.

▎**This is the most beautiful drawing.** 이게 가장 아름다운 작품이에요.

하지만 주의할 것이 한 가지 있습니다. **가장 좋아하다** 혹은 **가장 싫어하다**라고 할 때에는 **the**를 사용하지 않는다는 점이죠. 앞 문장에서 **drawing**은 명사로 쓰였지만, 이때 쓰이는 **like**는 동사이기 때문입니다.

▎**Where did you like most?** 어디가 가장 좋으셨어요?
▎**Which one do you like most?** 어느 게 가장 마음에 드세요?
▎**What country do you like most?** 어느 나라가 가장 마음에 드셨어요?

그 선글라스
참 잘 어울리네요.

The sunglasses look good on you.

외국인이 선글라스를 쓰고 거울에 비춰보고 있다. 그는 혼자 온 것으로
보이는데, 무엇을 고를지 결정을 내리지 못하고 있다. 내가 좀 도와줄까?

**The sunglasses
look good on you.**

선글라스 멋지네요.

**Oh, do they?
Do they look OK?**

오, 그래요? 잘 어울리나요?

**Yes, they look great on you.
You look like a Hollywood star.**

네, 너무 잘 어울려요. 할리우드 스타 같은데요.

Are you serious?

진심인가요?

Yes. I'm so jealous.

네. 너무 부러워요

serious 형 심각한, 진지한, 만만찮은

jealous 형 질투하는, 시기하는

Why? You can get one.

왜요? 그쪽도 하나 사시면 되잖아요.

I think sunglasses look better on western people's face.

선글라스는 당신 같은 서양 사람에게
더 잘 어울리는 것 같아요.

That may not be the truth.

꼭 그렇지만도 않을 거예요.

truth 명 사실, 진상, 진실

**Anyway, you look good
with sunglasses on.**

어쨌든, 선글라스가 참 잘 어울리시네요.

**I'm going to go on a trip
right tomorrow and I don't
have sunglasses. So I came
to buy them in a hurry.**

당장 내일 여행 가는데 선글라스가
없어서 급하게 사러 나왔어요.

**Any sunglasses will
look good on you.**

어떤 선글라스든지 잘 어울릴 것 같아요.

Thanks for saying that.

그렇게 말해 줘서 고마워요.

in a hurry 숙 서둘러, 급히

If you don't mind, I'll take a look.

괜찮다면 좀 봐 드릴게요.

I hope you say honestly.

솔직하게 얘기해 줬으면 좋겠네요.

I don't want to hurt you though…

전 당신 마음을 아프게 하고 싶지 않은데…

Haha. How about this one? Do I look old?

하하. 이건 어때요? 좀 나이 들어 보이나요?

mind 통 언짢아하다, 상관하다, 개의하다 명 마음, 정신, 생각

though 부 (앞에 말한 내용의 어조를 누그러뜨리기 위해 덧붙임) 하지만, 그렇지만

This will be better than that.

그것보단 이게 좋을 것 같아요.

Isn't it too trendy?

너무 최신 유행 같지 않아요?

Wow. It looks great.
Your partner will love it.

와우. 보기 좋아요. 애인이 정말 좋아하겠는데요.

trendy 형 (비격식) 최신 유행의

partner 명 동반자, 애인

I'll buy that. **In fact, I don't have much time.**

한번 속아보죠. 사실은 시간이 많지 않거든요.

 You look totally awesome.

충분히 멋있어요.

in fact 숙 사실은

totally 부 완전히, 전적으로

awesome 형 경탄할 만한, 어마어마한, 엄청난, 멋진

Tip

Sunglasses는 기본형이 **복수**입니다. 우리는 그냥 선글라스라고 부르기 때문에 영어로 말할 때 헷갈릴 때가 있죠. 그래서 이러한 표현들을 정확하게 정리해 보겠습니다. 우선 **선글라스, 바지, 양말, 장갑** 등은 쌍으로 이루어진 물건이기 때문에 **복수**로 취급합니다. 단순히 단어 끝에 s를 붙이는 것에서 끝나는 것이 아니라 문장 내에서 문법적으로도 **복수 취급**을 해 주어야 하는 것이죠.

▎**These glasses are expensive.** 이 안경은 비싸요.
▎**These pants are expensive.** 이 팬츠는 비싸요.
▎**These socks are expensive.** 이 양말은 비싸요.
▎**These gloves are expensive.** 이 장갑은 비싸요.

그렇다면 **안경 두 개**는 어떻게 표현할까요? s를 하나 더 붙여줄 수는 없을 테니까요. 이럴 땐 쌍을 세는 단위인 **pair**를 사용합니다.

▎**Two pairs of glasses** 안경 두 개

옆자리에
앉아도 될까요?

May I sit by you?

강가 옆 벤치에 중년 외국인이 혼자 앉아 있었다. 그 외국인은 한가해 보였고, 나도 심심했다. 대화하기에는 적당한 타이밍이다.

May I sit by you?
옆에 앉아도 될까요?

What's going on?
무슨 일이죠?

Are you traveling alone?
혹시 혼자 여행하는 중이신가요?

Yes, I am.
네, 맞아요.

So am I.
I was bored to be alone.
저도 여행 중이거든요.
혼자 앉아 있으려니 심심해서요.

Oh, I'm sorry. There have been many people asking for money or selling weird things.

아, 미안해요. 돈을 달라거나 이상한 물건을 팔려는 사람들이 말을 많이 걸어와서요.

That's fine. I won't ever ask you to buy things.

괜찮아요. 절대 그쪽에게 뭘 사달라고 하지 않을게요.

Haha. What a relief! Are you from Japan?

하하. 그거 안심이네요. 일본에서 왔어요?

weird 형 이상한, 별난, 기이한

relief 명 1. 안도, 안심 2. (고통·불안 등의) 경감, 완화 3. 구호품, 구호물자

No, I'm from Korea.
아니요. 저는 한국에서 왔어요.

Ah, Korea. North or South?
아, 한국. 북한? 남한?

South Korea. Have you ever been to Korea?
남한이요. 한국에
와본 적 있어요?

Not yet. But I want to go sometime.
아직이요. 한번 가보고 싶긴 해요.

not yet 숙 아직도 ~않다

Where are you from?

어디에서 오셨어요?

I'm from the United Kingdom.

저는 영국에서 왔어요.

Ah. I would really like to go to the United Kingdom.

아, 저도 영국 정말 가보고 싶어요.

Everything is so expensive there. Why would you like to come?

영국은 모든 것이 비싸요. 영국에는 왜 오고 싶죠?

English Culture 명 영미문화

**But the travel expense
is very costly.**

하지만 여행 경비가 만만치 않아요.

**Yes. It's expensive in England.
It's also expensive in America
and Japan. How about Korea?
How much is whisky in Korea?**

맞아요. 영국은 비싸요. 미국도, 일본도 비싸요.
한국은 어때요? 위스키 가격이 얼마나 하나요?

**I don't know about whisky.
I don't really drink it.**

위스키 가격은 잘 몰라요. 거의 안 마시거든요.

What about beer?

그럼 맥주는?

travel expense 명 1. 여행경비 2. 출장비
costly 형 1. 많은 돈이 드는 2. 대가가 큰

It's about 3 dollars at a pub.
펍에서 한 잔에 3달러가 조금 안 될 거예요.

**Wow, It's so cheap.
I can drink a lot of beer
when I go to Korea.**
와우, 정말 싸네요. 한국 가면
맥주를 많이 마실 수 있겠네요.

**You should come.
I will treat you.**
한번 오세요. 제가 대접할게요.

**No, I'm too old.
It's hard to go alone.**
아니에요. 저는 나이가 많아서
혼자 가기에는 힘이 들어요.

You look healthy.
건강해 보이시는데요.

Thanks.
고마워요.

treat 동 대접하다, 대하다, 대우하다 명 대접, 한턱

Tip

I will treat you는 **제가 살게요**라는 뜻의 표현입니다. 비슷한 다른 표현과 비교해 볼까요?

▋**I will treat you to dinner.** 제가 저녁 살게요.
▋**I will buy you dinner.** 제가 저녁 살게요.

위 두 표현은 의미는 같지만, 모양은 조금 다르죠? 이 외에도 다른 표현이 있습니다.

▋**It's on me.** 제가 살게요.

간혹 단골집에서 주는 서비스는 영어로 뭐라고 할까요? 물론 **서비스**라고 하지는 않겠죠?

▋**It's on the house.** 서비스입니다.
▋**Is it on the house?** 그냥 주시는 건가요?

창문을 열어도
되겠습니까?

would you mind opening the window?

난 비행기 창으로 보이는 파란 하늘과 구름이 무척 좋다. 창문을 열고 싶었는데 옆에 앉은 외국인은 눈을 감고 있었다. 혹시나 창문을 열었을 때 들어오는 빛이 외국인의 잠을 방해할까 봐 염려되었다.

Would you mind opening the window?
혹시 창문 좀 열어도 될까요?

No. Go ahead.
물론이죠.

I **feel stuffy** in a dark and small place.
좁은 데서 어둡게 가려니 좀 답답해서요.

I understand.
You can open it.
Don't worry about me.
그럴 수 있죠.
제 신경 쓰지 말고 열어도 돼요.

feel stuffy 숙 갑갑하다, 답답하다

sleeping pills 명 수면제

arrive 동 (여정 끝에) 도착하다, 도래하다

**Oh, you are right.
It would be better to
have wine. How about you?**

오, 그러네요. 차라리 마음 편하게
와인 한 잔이 낫겠네요. 어떠세요?

**I think I'm fine
with some juice.**

저는 주스가 좋을 것 같아요.

**I tried juice and wine both
when they served meals.
I think the juice was too plain.**

아까 기내식 줄 때 제가 주스랑 와인을
다 마셔 봤는데 주스가 너무 싱겁더라고요.

serve 동 (식당 등에서 음식을) 제공하다, (음식을 상에) 차려 주다

meal 명 식사, 밥

plain 형 1. 담백한, 밋밋한, 평범한 2. 숨김없는, 솔직한, 있는 그대로의

Oh, really? Was the wine OK?
오, 그래요? 와인은 괜찮았어요?

Yes, It was a lot better than juice.
네, 주스보다는 훨씬 나았어요.

Then I will take wine.
그럼 저도 와인으로 해야겠네요.

Good choice, sir.
탁월한 선택입니다, 손님.

Haha.
하하.

choice 명 선택, 선택권 형 아주 질 좋은, 고급의
sir 명 남자에 대한 경칭(존칭)

Tip

Would you mind? 라고 질문을 할 때는 한 가지 주의 사항이 있습니다. 우리말과는 다른 영어식 표현의 대답 때문에 당황할 수도 있기 때문입니다. 본문에서 만난 외국인은 **No. Go ahead.** 라고 하는군요. **No**는 아니라는 표현이고 **Go ahead**는 계속하라는 뜻이니 대체 어떻게 하라는 말일까요?

해답은 **mind**라는 단어에 있습니다. **mind**는 **꺼리다** 혹은 **곤란해하다**라는 뜻입니다. 결국 **no**는 **mind**에 대한 대답이고, 그러니 계속하라는 의미로 외국인은 저런 표현을 쓴 것이지요.

비가 그칠 것 같지 않네요.

The rain doesn't seem to stop.

버스에서 내렸는데 비가 내리고 있었다. 우산을 들고올 친구를 기다리는 중이었다. 외국인도 우산이 없는지 가만히 앉아 있었다.

It doesn't seem to stop soon.

비가 금방 그칠 것 같진 않네요.

Right. I've been sitting here for 15 minutes.

그러게요. 15분 동안 앉아 있었어요.

Oh, you don't have an umbrella. Too bad.

우산이 없군요. 안됐네요.

You don't **either**, do you?

그쪽도 없는 거 아닌가요?

either 튀 (부정문에서) ~또한/역시 그렇다, (정보를 덧붙일 때) ~도

share 동 1. 함께 쓰다, 공유하다 2. 나누다 명 몫, 지분

Why?

왜요?

I like to watch the rain.

비 구경하는 걸 좋아하거든요.

**But you don't know
when it will stop.**

하지만 언제 그칠지도 모르잖아요.

**Yes, I know.
That's why I like it.**

네, 그렇죠. 그래서 좋은데요.

Sounds like a **riddle**.

알 수 없는 말이네요.

Does it? I like to get **soaked** by the rain too.

그런가요? 비 맞는 것도 좋아해요.

You could catch a cold.

감기 걸릴지도 몰라요.

My house is very close from here. It will be alright if I run fast.

집이 여기서 가깝거든요. 빨리 달려가면 괜찮을 거예요.

riddle 명 수수께끼, 불가사의

soak 동 (액체 속에) 담그다, 흠뻑 적시다 명 (액체 속에) 담그기

**Well, If you say so.
I see my friend
coming over there.**

어쩔 수 없네요. 저는 저기 친구가 보이네요.

**With the yellow
umbrella?**

저기 노란 우산인가요?

Yes. I've got to go.
네, 가봐야겠어요.

**OK. Then I'll
start running.**
네, 저도 슬슬 뛰어야겠네요.

Tip

감기와 관련된 표현을 배워보겠습니다.

▎**I caught a cold.** 감기에 걸렸어요.
▎**I have a flu.** 독감에 걸렸어요.
▎**I have a runny nose.** 콧물이 흘러요.
▎**I have a fever.** 열이 나요.
▎**My nose is stuffy.** 코가 막혀요.
▎**I have a sore throat.** 목이 아파요.

Episode
07

외국에서 오셨군요.

You are from another country.

딱 봐도 관광객처럼 보이는 외국인이 옷 가게에서 나온다. 손에는 관광객들이 많이 사는 티셔츠를 들고 있다. 좋은 팁을 줘야겠다.

Excuse me. You are from another country, right?

실례합니다. 외국에서 오셨군요?

Yes. How did you know? Do I look like it?

네, 어떻게 아셨어요?
제 얼굴에 쓰여 있나요?

Not really, but I guessed from the store you just came out of.

그런 건 아니에요.
당신이 방금 나온 옷 가게 때문이죠.

Is there any problem with the store?

저 가게에 무슨 문제라도 있나요?

guess 동 추측하다, 알아맞히다 명 추측, 짐작

No, but most travelers buy clothes
for expensive price at that store.

문제는 없어요. 다만 주로 여행객들이
비싸게 옷을 사는 가게니까요.

Oh, really? Do you think
I **got ripped off**?

아 정말요? 제가 바가지를 쓴 걸까요?

Maybe. They call a higher price
to travelers. You **can't help it**.

아마도요. 여행객들한테는 가격을 많이 올리니까요.
어쩔 수 없는 일이죠.

get ripped off 숙 바가지를 쓰다
can't help it 숙 어쩔 수가 없다

Yeah! I can't help it.
But It's **upsetting**.

맞아요. 어쩔 수 없는 일이죠.
그래도 속상하네요.

Next time you buy things,
you need to **bargain**.

다음에는 사기 전에 흥정을 많이 하세요.

I should. Ah, maybe⋯

그래야겠네요. 아, 혹시⋯

Yes. Is there something
you want to ask?

네. 물어볼 게 있나요?

Yes. I'm very hungry now
but don't want to **spend** a lot.
Could you suggest any restaurant?

네. 제가 지금 배가 많이 고픈데 비싼 돈을 주고
먹고 싶지는 않거든요. 추천 좀 해줄 수 있나요?

upset 동 속상하게 만들다 형 속상한, 마음이 상한
bargain 동 협상하다, 흥정하다 명 1. 싸게 사는 물건 2. 합의, 흥정
spend 동 돈을 쓰다, 시간을 보내다

Umm. Do you want to eat something **specific**?

음. 혹시 특별히 먹고 싶은 게 있나요?

No. But something **unique** in this country will be great.

딱히 그런 건 없지만, 그래도 이 나라에서만
먹을 수 있는 음식이면 좋겠어요.

Oh, I know a good place like that. They don't **offer** a higher price to travelers.

아, 그런 가게 알아요. 그리고 거기는
관광객들한테도 돈을 더 올려 받지 않죠.

specific 형 구체적인, 명확한, 특정한

unique 형 유일무이한, 독특한, (아주) 특별한, 특유의

offer 동 제안하다, 권하다, 제공하다 명 제의, 제안

Wow, that's nice.
와, 정말 좋은데요.

Would you like to have dinner with me? I will **pay**.
같이 저녁 먹지 않을래요? 제가 살게요.

Why?
왜요?

Just because. I got many things to ask and want to thank you too.
다른 뜻은 없어요. 물어보고 싶은 것도 많고 고맙기도 해서요.

If you pay for my dinner, you **eventually** spend more.
제 것까지 돈을 내면 결국 비싸게 먹는 거잖아요.

pay 동 지불하다, 돈을 내다 명 급료, 보수

eventually 부 결국

company 명 1. 회사 2. (함께 일하거나 공연하는) 단체 3. 일행
instead of ~대신에

Tip

Yes와 **No**는 영어에서 가장 쉬운 표현이죠? 하지만 동시에 매우 까다로운 표현이기도 합니다. **Yes**와 **No**의 올바른 사용법을 알아볼까요? 딱 한 가지만 기억하시면 됩니다.

- **Yes : 긍정문 앞에 사용**
- **No : 부정문 앞에 사용**

어렵지 않죠? **Yes**를 사용했으면 그 뒤는 무조건 긍정문으로 이어져야 합니다. 반대로 말하자면 긍정문으로 표현을 할 때는 무조건 **Yes**로 시작하면 되는 거죠. 그럼 이제 예시를 볼까요?

- **A : You can't help it.**
- **B : Yes, I can't help it.** ···· X

무엇이 문제일까요? **Yes** 이후에 부정문이 나왔죠? 부정문을 쓰려면 **No**로 시작했어야지요. 상대의 말에 동의하고 싶어 **Yes**를 쓰는 마음은 이해가 가지만 이런 방식으로는 사용할 수 없습니다. 올바른 예를 보죠.

- **No, I can't help it.** ······················ O
- **Yes, that's right. I can't help it.** ··· O
- **Yes. I can't help it.** ······················ O

동의한다는 의미로 꼭 **yes**를 사용하고 싶다면 다음 문장을 쓰기 전에 꼭 **마침표**를 사용해야 합니다. 말할 때는 끊어서 말해주면 되겠죠?

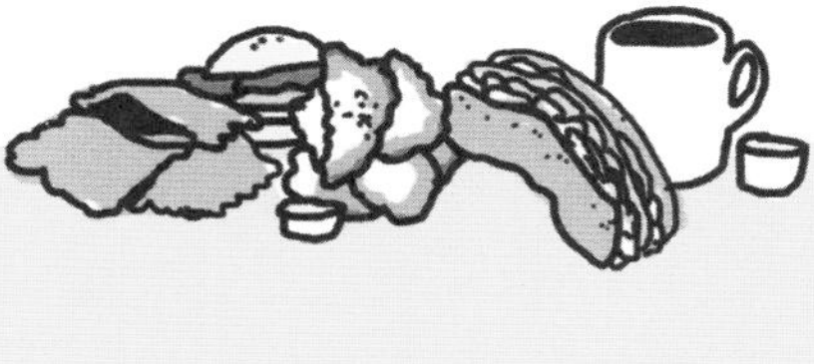

따분하신가봐요.

You look so bored.

나는 내 여자친구를 기다리고 있었다. 거기에는 파라솔 아래에 앉아
자신의 시계를 몇 번이고 확인하며 하품을 하는 외국인이 있었다.

buddy 명 (비격식) 친구, 단짝

show up 숙 눈에 띄다, 나타나다

at least 적어도, 최소한, 하다못해

OK. Have a good afternoon.
네. 좋은 오후 되세요.

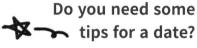

Do you need some
tips for a date?

좋은 연애의 기술을 알려줄까요?

Like what?
어떤 거죠?

When your girlfriend shows up,
just say she's so beautiful.
She must have spent time picking her
dress and putting make-up on.

여자친구가 나타나면 무조건 예쁘다고 해주세요.
화장하고 옷 고르느라 늦었을 거예요.

What if she wears training suits and flip-flops?

만약에 슬리퍼에 트레이닝복 차림이라면요?

Just break up with her.

헤어지세요.

Hahaha. That's so easy.

하하하. 쉽네요.

Hahaha. The important thing is if you take your anger out on her, she won't even be sorry for coming late.

하하하. 중요한 건 늦었다고 당신이 짜증 내면 여자친구는 미안해하지 않을 거예요.

---

flip-flop 명 플립플랍 (끈을 발가락에 끼워서 신는 샌들)

break up with 숙 ~와 결별하다, ~와 헤어지다

important 형 중요한

anger out on 숙 ~에게 화풀이하다

Episode
08

Will she get hurt thinking I don't understand her?

자기 마음도 몰라준다며 서운해하나요?

Yes, you know better.

맞아요. 잘 알고 있군요.

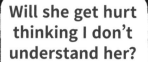

You will be good to your girlfriend.

그쪽은 여자친구만 생기면 되겠군요.

Oh, please.

오, 제발.

대화의 끝마무리는 대부분 **이제 가봐야겠어요** 라는 말로 끝나죠. 이번에는 이 표현에 대해서 살펴보겠습니다. 다음 세 개의 표현 중에서 가장 적절한 것은 무엇일까요?

▌**I will go.** 저는 갈 예정이에요.
▌**I must go.** 저는 꼭 가야만 해요.
▌**I have to go.** 저는 가봐야겠어요.

우선 **I will go** 는 지금 가겠다는 표현이 아니죠? **I must go** 는 너무 강한 표현이고, 그래서 정답은 **I have to go** 가 되겠습니다. 그런데 문제는 이 형태 그대로는 잘 사용하지 않는다는 점입니다. 어떻게 변화되는지 보시죠.

▌**I have to go.** 저는 가봐야겠어요.
▌**I have got to go.** 저는 가봐야겠어요.
▌**I've got to go.** 저는 가봐야겠어요.
▌**I gotta go.** 저는 가봐야겠어요.

I gotta go 를 읽을 때는 **아이 가러 고** 라고 읽습니다. **I gotta go** 는 구어적 표현입니다. 그러므로 글로 쓸 때는 **I've got to go** 라고 씁니다.

Episode
09

정말 아름다운
날이에요.

It's a beautiful day.

편의점 앞에서 음료수를 마시고 있었다. 한 외국인도 음료수를 마시고
있었는데 티셔츠를 보니 이탈리아 축구 클럽 엠블럼이 박힌 티셔츠였다.

The weather is so nice.
날씨가 정말 좋네요.

Yes, It's fantastic. It's a perfect day for playing soccer with friends.
네, 환상적이네요. 이런 날은 친구들과 축구 한 게임 하면 딱 좋은데.

  Looking at your T-shirt, you must like soccer.
티셔츠를 보니 축구를 좋아할 것 같네요.

Yeah, I really love it. I can't live without it.
네, 정말 좋아하죠. 축구 없이는 못 살아요.

fantastic 혱 기막히게 좋은, 환상적인

What if your girlfriend doesn't like soccer?

여자친구가 축구를 싫어한다면요?

I don't need such a girlfriend.

그런 여자친구는 필요 없어요.

Looks like you are a fan of Juventus?

티셔츠를 보니 유벤투스 팬인가요?

Do you know Juventus?

유벤투스 알아요?

Sure. It's a Serie A team that Nedved is playing for.

그럼요. 네드베드가 뛰고 있는 세리에 A팀이잖아요.

Oh, I should respect you for knowing Juventus.

오, 유벤투스를 알고 있다니
당신에게 예의를 갖춰야겠군요.

**Hahaha, you are funny.
I like Del Piero of Juventus.**

하하하, 정말 재밌네요.
저도 유벤투스 델피에로 선수를 좋아해요.

**Del Piero! He is the best player.
I love his awesome kick and cute mask.**

델피에로! 최고의 선수죠. 환상적인 킥과 잘생긴 외모.

---

playing for 숙 1. ~의 대표 선수가 되다 2. ~을 걸고 내기를 하다
respect 동 존경하다, 존중하다 명 존경, 존중, 경의

Too bad that he got little old.

이제는 나이가 많아서 좀 아쉽기는 해요.

He was incredible
in his **heydays**.
But he is **still** good.

전성기 때는 정말 최고였죠.
하지만 지금도 여전히 멋있어요.

Still very popular **among** girls?
Handsome, **rich**, good at soccer…

여자들에게 인기 많겠죠? 잘생기고 돈도 많고 축구도 잘하니까요.

Of course.
I want to be a soccer
player in another life.

그럼요. 저도 다시 태어나면
축구선수 할 거예요.

heyday 몡 전성기, 한창때

still 뷔 1. 아직도, 계속해서 2. 그런데도, 그럼에도 불구하고 혱 고요한, 정지한

among ~에 둘러싸인, ~의 가운데에, (셋 이상) ~사이에

rich 혱 부유한, 돈 많은, 부자인

Because you like soccer?
축구가 좋아서요?

Are you kidding? Girls are crazy for soccer players.
장난해요? 여자들에게 인기가 최고이니까요.

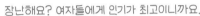

Haha. That's funny.
하하. 재밌네요.

Do you live around?
이 동네 사세요?

Yes, and you?
네, 그쪽은요?

I live close too. Would you like to play soccer with us?
저도 이 동네 살아요.
다음에 우리 같이 축구할래요?

kid 동 1. 농담하다 2. ~를 속이다 명 1. 아이, 청소년 2. 새끼 염소
crazy for 숙 ~에 열광하다
live around 숙 주변(근처)에 살다

Oh, do you have a team?

아, 당신 팀이 있나요?

**Yeah, I play every weekend
with my friends in the park.**

네, 친구들이랑 주말마다 공원에서 한 게임 하거든요.

Oh, sounds interesting.

오, 재밌겠네요.

Tip

자신이 좋아하는 것과 좋아하지 않는 것을 이야기할 때는 I can live ~를 활용합니다. I can live는 **나는 살 수 있다**라는 뜻이죠?

❚ **I can live with that.** 난 그 정도는 참을 만해.
❚ **I can't live without that.** 난 그거 없이는 살 수 없어.

What if~는 **만약 ~이렇게 되면 어떻게 할 거야?**라는 의미입니다. 이 표현은 사실 변형된 형태의 표현인데요, 변형되기 전 원래 형태의 표현과도 한번 비교해 보시죠.

❚ **What if it rains tomorrow?** 내일 비 오면 어쩌지?
❚ **If it rains tomorrow, what would happen?** 내일 비 오면 어쩌지?

3

대화에 대화를 맡겨라

상대에게 대화 의사가 있다는 것을 파악했다면 이제 좀
더 개인적인 질문으로 넘어가자. 이 과정이 구체적으로
어떻게 진행되는지는 묻지 말자. 왜냐하면, 이 책을 통해
이미 당신은 수십 개의 사례를 접하고 있지 않은가? 이제
부터는 **개인적인 것에 초점을 맞추어 질문을 할 차례다.**
상대를 여행객이라 가정해 예를 들어보자.

어느 나라에서 왔는지
Where are you from?

얼마나 많은 곳을 거쳤는지
How many places have you visited?

어디가 가장 인상적이었는지
Where did you like most?

누구와 함께 여행 중인지
Are you traveling alone?

앞으로 어디로 여행할 생각인지
Where are you planning to visit?

이 단계에서는 이미 자연스러운 대화가 이루어지고 있다. 그저 물이 흐르듯이 상황에 맞춰 대화에 임하면 되는데 주의할 점이 있다면 역시 준비한 질문에 집착하지 않아야 한다는 것이다. 그렇게 해서는 대화의 흐름을 탈 수 없기 때문이다. 요즘 TV 예능프로그램에서는 여러 명의 출연자가 모여 대화를 나눈다. 그러다 보면 이야기가 흐르는 중 누군가 끼어든 한마디에 대화의 방향이 완전히 달라져 버리곤 한다. 이때 나머지 출연자들은 원래 주제에 대해 준비했던 내용은 버리고 가볍게 새로운 주제로 갈아탄다. 이는 어쩔 도리가 없는 일이다. **다시 한번 강조하지만, 자신이 준비한 내용에 집착해서는 안 된다.**

한 가지 더 기억해야 할 것은 숫자에 관계된 내용은 질문하지 않는 편이 좋다는 것이다. 예를 들어 나이, 신체 사이즈, 급여 등이다. 이 중 가장 대표적인 것이 나이인데, 이것은 나이 서열을 중시하는 한국 문화에서나 통용되는 질문이다. 물론 우리나라 사람이 우리나라 문화를 가지고 이야기하는 것은 이상한 일이 아니다.

그러므로 한국 문화를 버리고 국제적 문화를 가지고 대화하라 따위의 이야기를 하는 것은 아니다. 단지 이런 질문은 상대를 불편하고 지루하게 만들기 때문이다. 나이 따위를 묻는 것은 오히려 상대에 대한 무관심을 표현하는 것일 수도 있다. 차라리 상대가 외계인이 아닌지 물어라. 도대체 나이를 물어서 뭐에 쓸 것인가? 설마 200살은 아닐 것 아닌가? 또, 200살이라면 뭐 할 건가?

숫자는 묻지 말자!

이렇게 이야기하면 많은 분이 대화에서 불필요한 부담을 가질지도 모르겠다. 그럴 필요 없다. 이런 부담을 갖는 대신 상대방에게 관심을 기울여라.

Episode
01

혹시 안내 방송
들으셨어요?

Did you hear the announcement?

매년 큰 규모로 열리는 서커스를 보려고 열차를 타고 가는 중이었다. 종착
역까지 가야 해서 긴 시간을 가다 보니 지루해서 졸았나 보다. 안내 방송
소리에 잠이 깼는데, 불행하게도 내용을 듣지 못했다.

Did you hear
the **announcement**
just now?

혹시 방금 안내 방송 들으셨어요?

Yes, we are **arriving in**
the **last stop** in few minutes.

네, 열차가 곧 종착역에 도착한대요.

Oh, OK. Thanks.
I fell asleep and didn't hear.

아 그렇군요. 고맙습니다. 깜빡 졸아서 못 들었네요.

I **commute by** this train everyday
so I know even without listening.

저는 매일 이 열차로 출퇴근해서 듣지 않아도 알아요.

announcement 몡 발표, 소식
arrive in 숙 ~에 도착하다
last stop 몡 종점, 종착역
commute by 숙 ~로 통근하다, ~로 출퇴근하다

Your office seems to be far away.

직장이 좀 먼 곳에 있으신가 봐요.

Yes, actually it was close to my place but it just moved.

네, 원래는 같은 지역이었는데
최근에 회사가 자리를 옮겼어요.

Ah, I'm going there to see a circus that is held every year.

그럼군요. 저는 이쪽에서 매년 열리는
서커스를 보러 가는 중이에요.

I think I know where that is. I have been there with my family a few times.

어딘지 알 것 같아요.
저도 가족들이랑 몇 번 가봤어요.

circus 명 서커스단, 곡예단

be held 숙 열리다, 개최되다

Was it good?
괜찮았나요?

Yes. My daughter really loved it.
네, 우리 딸이 정말 좋아했어요.

You have a daughter? How old is she?
딸이 있군요. 딸은 몇 살쯤 됐나요?

She has just turned to 7.
이제 7살이에요.

ny years old

Oh, she must be so cute. Does she like her daddy?
정말 귀엽겠네요. 딸은 아빠를 좋아하나요?

daughter 명 딸

Sure. Sometimes she even gets jealous of her mom.

그럼요. 가끔 제 아내를 질투하기까지 하는걸요.

So adorable. You must be so happy.

정말 사랑스럽네요. 행복하시겠어요.

Yes, I really am. Oh, there are a few things that you need to be careful of.

네, 정말 행복해요. 오, 서커스 가면 조심할 것이 있어요.

Is there any problem?

어떤 문제가 있나요?

get jealous 숙 질투를 느끼다, 질투심이 생기다
be careful of 숙 1. ~를 조심(주의)하다 2. ~를 소중히 하다

There are too many people.
Last time I went there,
I saw a **thief caught by** a cop.

사람이 아주 많거든요. 저번에 갔을 때
경찰에게 붙잡힌 소매치기를 봤어요

Oh, jeez. I should be careful.

오 저런. 조심해야겠네요.

Ah, we are arriving soon.

아 곧 도착하겠네요.

Yes, I've got to get my stuff.

네, 저도 짐 좀 챙겨야겠어요.

thief 명 도둑, 절도범

be caught by 숙 ~에 넘어가다, 걸려들다

Tip

Where is it과 **where it is**의 차이를 아시나요?

▌**Where is it?** 어디야?
▌**where it is** 어디인지

대/소문자나 마침표를 보고 눈치채셨겠지만, **where it is**는 문장이 아 닙니다. **명사절**이라고 부르는 표현이죠. 이 **명사절**을 이용해 문장을 만 들어볼까요?

▌**Do you know where it is?** 어디 있는지 알아?

결국, 두 문장은 같은 의미가 되었네요.

▌**Where is it? = Do you know where it is?**

혹시 **Where is it**의 어순에만 익숙하세요? 하지만 오히려 영어의 기본 인 **주어-동사** 어순에 충실한 표현은 **where it is**입니다.

농구를 정말 잘하시네요.

You play really good basketball.

오랜만에 농구를 하려고 코트에 갔는데, 키가 아주 큰 외국인 혼자서 농구를 하고 있었다.

You play really good basketball.
농구를 정말 잘하시네요.

Thanks.
감사합니다.

Wow, you are very tall.
I **envy** you.
와우, 키가 정말 크시네요. 부러워요.

I'm not short.
Haha.
작지는 않죠. 하하.

Can you⋯
make a dunk shot?
혹시⋯ 덩크슛도 할 수 있나요?

Umm, can't anybody do that?
음, 누구나 다 하는 것 아닌가요?

envy 동 부러워하다, 선망하다 명 부러움, 선망

**Haha. I was kidding.
Do you want me to show you?**

하하. 농담이에요. 한번 보여 드릴까요?

Yes. A dunk shot always looks so cool.

네. 덩크슛은 언제 봐도 멋진 것 같아요.

It doesn't sometimes⋯

멋없을 수도 있어요.

Like this!

이렇게 해서 이렇게!

Oh, **incredible. Wonderful**!

오, 정말 끝내주네요. 너무 멋져요!

Don't **exaggerate**. It's nothing.

너무 오버하지 마세요. 별거 아니에요.

incredible 형 믿을 수 없는, 믿기 힘든
wonderful 형 아주 멋진, 신나는, 훌륭한
exaggerate 동 과장하다

Can you teach me basketball?
저에게 농구 좀 알려 주실래요?

I'm not good **enough** to teach somebody.
누구를 가르칠 실력은 아니에요.

You're very **modest.** I've been watching you and you are really good.
겸손하시네요. 아까부터 봤는데 정말 잘하던데요.

Umm. Why don't we just play **one on one.**
음. 그냥 가볍게 1대 1 경기 해 볼까요?

enough 충분한, 필요한 만큼의

modest 형 1. 그다지 대단하지는 않은, 보통의 2. 겸손한, 얌전한 3. 수수한

one on one 숙 1대 1로

I will die if you bump into me.

부딪히면 저는 바로 죽을 것 같은데요.

**Haha.
It can't be.**

하하. 그럴 리가요.

bump into 숙 1. ~에 부딪히다 2. ~와 우연히 만나다

take it easy 숙 쉬엄쉬엄 일하다, 진정하다

Tip

I'm not good은 **잘 못한다**는 뜻이죠? 이 뒤에 **enough**가 붙으면 좀
더 명확하고 부드러운 표현이 됩니다. 응용표현을 배워볼까요?

▌ **It's not fast enough.** 충분히 빠르지 않아요.
▌ **It's not strong enough.** 충분히 강하지 않아요.
▌ **It's not cold enough.** 충분히 시원하지 않아요.
▌ **It's not big enough.** 충분히 크지가 않아요.

음악을 고르는 안목이 있으시네요.

You know how to listen to music.

레코드 가게에서 아르바이트하고 있었다. 손님은 외국인 한 사람뿐이었다.

그가 듣고 있는 앨범은 내가 즐겨 듣는 앨범 중 하나이다.

Episode
03

You know how to listen to music.
음악 좀 들을 줄 아시네요.

**What? I just came
to buy an album.**
네? 전 단지 앨범을 사러 온 것뿐이에요.

**Yeah, the album in your hand.
That's a good one.**
아, 지금 들고 계신 음반이요. 정말 좋은 음반이죠.

Ah, I get it.
아, 이제 이해했어요.

**Actually, I don't really
understand jokes.**
사실 제가 농담을 잘 이해 못 해요.

Haha, I'm the weird guy who tries to **joke with** someone that I just met.

하하, 처음 만난 사람에게 농담하는 제가 이상한 거죠.

No, you are fine. Is this album really good?

아니에요, 괜찮아요. 이 음반 정말로 괜찮나요?

That's the album I usually listen to.

제가 평소에 즐겨듣는 음악이에요.

Actually, I don't know much about music except a few songs from TV.

사실 저는 TV에 나오는 노래 말고는 음악을 잘 몰라요.

joke with 숙 ~와 농담하다

**But do you have any reason
to pick that album?**

그래도 그걸 고르고 있는 이유가 있나요?

**Ah, I picked it for my friend's
birthday present.**

아, 친구의 생일 선물로 어떨까 하고요.

**Does your friend
listen to various songs?**

친구는 노래를 다양하게 듣는 편인가요?

**He probably does.
He is a musician.**

아마 그럴 거예요. 뮤지션이거든요.

reason 명 이유, 까닭, 사유, 근거 동 판단하다, 추론하다, 사고하다
various 형 여러 가지의, 각양각색의, 다양한
probably 부 아마

Then it will be a perfect gift.

그렇다면 정말 좋은 선물이 될 거예요.

Oh, really? Is it that good?

오, 정말이요? 그 정도로 괜찮은가요?

This album was listed in the 100 best albums recommended by musicians from a music magazine last week.

저번 주 음악 잡지에 뮤지션들이 추천하는
앨범으로 뽑힌 앨범이거든요.

That's assuring.

더욱더 신뢰가 가는데요.

be listed ⓢ 명단에 있다, 수록되다, 등재되다
recommend ⓥ 추천하다, 권고하다
magazine ⓝ 잡지
assuring ⓐ 보증하는, 확신을 가진, 자신을 갖게 하는

To **describe** it with one word,
It's **irresistible**.

한 마디로 말씀해 드리죠. 거부할 수 없어요.

You know how to sell.
Good. I will take it.

사고 싶게 만드는 재주가 있네요.
좋아요. 이걸로 사야겠어요.

Good choice.

현명한 선택이네요.

describe 동 서술하다, 묘사하다
irresistible 형 저항할 수 없는, 거부할 수가 없는, 너무 유혹적인 우리는 간혹 생각보다 길어지는 영어 문장에 당황할 때가 있습니다.
하지만 문장이 길어지는 과정을 살펴보면 생각보다 어렵지 않다는 걸
알 수 있습니다. 다음 예문을 조금씩 길게 만드는 연습을 해볼까요?

▎This album was on the 100 best albums.
이 앨범은 100개의 베스트 앨범에 속해 있었다.

**▎This album was on the 100 best albums recommended
by musicians.**
이 앨범은 음악가에 의해 추천받은 100개의 베스트 앨범에 속해 있었다.

**▎This album was on the 100 best albums recommended
by musicians from music magazine.**
이 앨범은 음악 잡지에서 음악가에 의해 추천받은 100개의 베스트 앨범에 속해 있었다.

**▎This album was on the 100 best albums recommended by
musicians from music magazine last week.**
이 앨범은 지난주 음악 잡지에서 음악가에 의해 추천받은 100개의 베스트 앨범에 속해 있었다.

Episode
04

자리에 앉으세요.

Have a seat.

지하철에 서 있는데 한 자리가 비었다. 빈자리를 보다가 옆에 서 있는
외국인과 눈이 마주쳤다.

Have a seat.

앉으세요.

I'm fine. I like standing up.
You have a seat.

괜찮아요. 저는 서 있는 게 더 좋아요.

I'm going to **get off** soon.
Finally, I can **escape from**
the subway.

저는 곧 내리거든요. 이제야 지하철에서 탈출이네요.

Haha. There're too many
people on this subway.

하하. 지하철에 사람이 정말 많네요.

have(take) a seat 숙 자리에 앉다, 착석하다

get off 숙 떠나다(출발하다), ～를 떠나게(출발하게) 해 주다

finally 부 마침내, 마지막으로, 최종적으로

escape from 숙 ～에서 달아나다

This isn't too bad.

그래도 지금은 좀 나은 편이죠.

Really? Are there more people at other times?

그래요? 이것보다 더 많을 때도 있어요?

You don't seem to take the subway usually.

평소에 지하철을 잘 타지 않으시나 봐요.

You're right. I take the bus more often.

네 맞아요. 버스를 더 많이 이용해요.

seem to do(be) 숙 ~한 모양이다

In **rush hours**, even getting on the subway is so hard.

러시아워 때는 지하철에 타는 것도 어려워요.

I don't even want to think about it.

생각도 하기 싫어요.

When it is **crowded**, there are thieves sometimes.

사람이 많으면 가끔 소매치기도 있어요.

Oh, my God. **Terrible.**

맙소사. 끔찍해요.

rush hour 명 혼잡 시간대, 러시아워
crowded 형 붐비는, 복잡한
terrible 형 무시무시한, 가혹한, 심한 부 매우, 아주

**Yes, it is. You need to
be careful all the time.
Where are you going now?**

맞아요. 항상 조심해야 해요. 어디 가는 길이에요?

**I'm going to
the school library.**

학교 도서관 가는 길이에요.

**Ah, you are a student.
What is your major?**

아, 학생이군요. 어떤 걸 전공하세요?

**I majored in History
but I'm not a student.**

저는 역사를 전공했어요.
그렇지만 학생은 아니에요.

major 형 주요한, 중대한, 심각한
majored in 숙 ~을 전공하다

Oh, you are not a student?

학생이 아니라고요?

No, I am a professor.

네. 저는 교수예요.

Oh, I'm sorry.

제가 실례했군요.

It's OK.
I'm often misunderstood
as a student.

괜찮아요. 가끔 학생으로 오해받아요.

How does it feel?

그럴 때마다 기분이 어떤가요?

Umm, It depends.

음, 그때그때 달라요.

professor 명 교수

misunderstand 동 오해하다

depend 동 1. 의존하다, 의지하다 2. 믿다, 신뢰하다 3. ~나름이다

I think I know what you mean.
무슨 말인지 알겠어요.

Didn't you say
you get off at this stop?
이번에 내린다고 하지 않았나요?

Ah, yes. Have a nice day.
아, 네. 그럼 좋은 하루 되세요.

You too.
당신도요.

stop 명 1. 정류장, 정거장 2. 멈춤, 중단

How does it feel? 은 어떻게 느끼는지를 묻는 표현이죠? 비슷한 표현을 볼까요?

▌ **How does it feel?** 어떤 느낌이에요?
▌ **How do I look?** 나 어때 보여?
▌ **What does it taste like?** 어떤 맛이에요?

주의할 점은 **How**와 **What**을 잘 구분해야 한다는 것입니다. **How**는 **What like**와 같죠.

▌ **How do I look?** 나 어때 보여?
▌ **What do I look like?** 나 뭐처럼 보여?

그 외에도 **How**를 써서는 안 되는 표현도 있습니다.

▌ **What do you feel?** 어떻게 느끼세요? ········· ○
▌ **How do you feel?** ·························· X

▌ **What do you think?** 어떻게 생각하세요? ···· ○
▌ **How do you think?** ······················ X

내 좌석은
유난히 좁다.

My seat is particularly small.

비행기 좌석은 정말 좁고 불편하다. 비행기를 탈 때면 항상 부자가 됐으면
좋겠다는 상상을 한다. 저 앞 비즈니스 좌석에서 편하게 가는 사람들을
보라. 너무너무 부럽다.

These airplane seats are **particularly** small. I can't even **straighten** my legs.
이 비행기는 좌석이 유난히 더 좁네요.
다리를 펴기도 쉽지가 않아요.

Really? I have been in a smaller airplane.
그러세요? 저는 더 좁은 비행기도 타 본 적이 있어요.

No. You're kidding.
에이 설마요.

I'm serious. It's been such a long time ago I can't even remember which airline it was.
정말이에요. 너무 오래전이라, 어떤 항공사였는지는 기억도 나지 않네요.

particularly 부 특히, 특별히
straighten 동 똑바르게 하다(되다), (자세를) 바로 하다
long time ago 숙 오래전
airline 명 항공사

Was the airplane for **hobbits**?
작은 사람들을 위한 비행기였나요?

Or for some people with very short legs.
아니면 키는 큰데
다리가 요만한 사람들일 수도 있죠.

Then you would look like Gulliver in the airplane.
그럼 그 비행기에서 당신은 걸리버 같았겠군요.

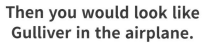

Haha. That's funny.
하하. 재밌네요.

hobbit 명 호빗 (영국 작가 톨킨의 작품에 나오는 가공의 난쟁이)

Are you traveling alone?
혼자 여행하는 중인가요?

Yes, I'm going to see my friend.
친구를 만나러 가는 길이에요.

Flying a long way to see your friend, he must be very close to you.
먼 거리를 날아서 가는 걸 보니 정말 친한 친군가 봐요.

Yes, he was my best friend in college. He immigrated to America after his marriage.
네, 대학교 때 단짝 친구였는데 결혼하고서 이민을 갔죠.

Oh, I see. I'm glad to talk with you as I was so bored alone struggling to fall asleep.
그렇군요. 좁은 비행기에서 잠도 안 오고 혼자 가려니 심심했는데 대화 상대가 생겨서 기쁘네요.

immigrate 동 (다른 나라로) 이주해 오다, 이민 오다

marriage 명 결혼 생활, 결혼, 결혼식

struggle 동 투쟁하다, 몸부림치다, 허우적거리다 명 투쟁, 분투

When traveling alone,
it's so boring to be on a plane
or at the airport.

혼자 여행하면, 공항이나 비행기에서 정말 심심하죠.

Yes, you're right. Sometimes
I feel jealous of people traveling
with a lover or friends.

네, 맞아요. 연인이나 친구들끼리
여행하는 사람들이 부러울 때가 있어요.

But isn't it fun to talk with **strangers**
like we are doing right now?

그래도 지금 우리처럼 낯선 사람과
대화하는 것도 재미있지 않나요?

stranger 몡 낯선 사람, 처음 온 사람

Yes. That's the fun part of traveling. Is your friend going to come pick you up?
맞아요. 여행의 즐거움이죠.
친구분이 마중 나오기로 했나요?

Yes, he will come with his wife and child.
네, 아내랑 아이와 함께 마중 나온다고 했어요.

Then I might be able to see him.
저도 그 친구를 볼 수 있겠군요.

Yeah, I will show you my friend introducing you as "a stranger" I met on the airplane.
그럴게요. 소개해 드리죠. 비행기에서 만난
"낯선 사람"이라고요.

be able to 숙 ~을 할 수 있다, ~가 가능하다, ~할 능력이 있다
introduce 동 소개하다

Tip

even은 ~**조차도**라는 의미입니다. 보통 편하게 대상에 붙여 사용할 수 있죠.

▮ **Even me.** 나조차도.
▮ **I even lost my wallet.** 지갑마저도 잃어버렸어.

이러한 **even**은 **can't**와도 잘 어울려 사용됩니다.

▮ **I can't even sleep.** 잠조차 잘 수 없어.

It's been so long은 **정말 오래되었다**는 뜻입니다. **It has been**을 줄여서 **It's been**이라고 쓴 것이죠. 사실 **has been**은 우리식으로 생각하면 **was**와 같은 뜻입니다.

▮ **It has been so long. = It was so long.** 정말 오래됐다.

하지만 영어에서는 **was**와 **has been**을 구분해서 사용합니다. 왜 그런 것일까요? **was**는 **단순한 과거**를 표현하지만 **has been**은 **과거부터 지금까지 계속된 것**을 나타내기 때문이죠.

▮ **He was my friend.** 그는 한때 내 친구였어.
▮ **He has been my friend.** 그는 오랜 친구야.

Episode
06

당신의 저녁 메뉴를 알 것 같아요.

I can guess your menu for dinner.

마트에 갔다. 사람이 많았다. 한 코너에서 외국인과 나란히 물건을 고르게 되었고, 눈이 마주쳤다.

 I can guess your menu for dinner.
오늘 당신의 저녁 메뉴가 뭔지 알겠네요.

Oh, can you?
그래요?

 Umm. Seeing a lot of beers, there must be a party.
음. 일단 맥주가 많은 것을 보니 파티가 있군요.

Funny. And then?
재밌네요. 그다음은요?

guess 동 추측하다, 짐작하다, 알아맞히다 명 추측, 짐작

You will make a salad with vegetables and shrimps.

그 채소들과 새우는 샐러드를 만들 재료 같아요.

Correct. Interesting.

정확해요. 흥미로운데요.

Oh! I got it. The ingredient for the main dish is the beef here!

아! 발견했어요. 주요리가 될 재료요. 여기 이 소고기군요.

Hahaha.
You are very witty.

하하하. 당신 정말 재치가 있네요.

correct 형 맞는, 정확한, 옳은 동 바로잡다, 정정하다
ingredient 형 재료, 구성 요소
witty 형 재치 있는

How is it?
Was my guess mostly right?
어때요? 제 추측이 거의 맞았나요?

Exactly right.
I have a party today.
정말 정확하게 봤어요.
오늘 파티가 있거든요.

Can I ask
what kind of
party you have?
어떤 파티인지
물어봐도 되나요?

Yes, It is
to celebrate
my new job.
네, 저의 새로운 직장을
축하하는 파티예요.

mostly 부 주로, 일반적으로

exactly 부 정확히, 꼭, 틀림없이

celebrate 동 기념하다, 축하하다

Wow, congratulations.

와, 축하해요.

Yeah, thanks.

네, 고마워요.

**What company
do you work for?**

어떤 회사에 취직했나요?

**It is a publishing company.
I design and edit
at the publishing company.**

출판사예요. 출판사에서 기획과 편집을 맡게 되었어요.

work for 숙 ~에서 일하다, ~에 고용되다, ~을 지지하다

publishing 명 출판, 발행

edit 동 (글 등을 발간할 수 있게) 수정하다, (책을) 편집하다

Editor! Sounds very **fascinating**. It's like Meryl Streep from 'The devil wears Prada'.

에디터! 뭔가 근사해요.
'악마는 프라다를 입는다'에 나오는
메릴 스트립처럼요!

Hahaha. In fact, it is not as **elegant** as it sounds like. But it is still a **fascinating** job.

하하하. 실제로는 그 정도로
우아하지 않아요. 그래도 충분히
매력적인 일이라고 생각해요.

I would like to congratulate you anyway.

아무튼, 저도 축하하고 싶네요.

fascinating 혱 대단히 흥미로운, 매력적인
elegant 혱 우아한, 품격 있는, 멋들어진

**Thank you so much.
If you have time, you can
come to my party later.**

정말 고마워요. 혹시 이따가
시간 있으면 파티에 와요.

Are you inviting me?

저도 초대해 주는 건가요?

**Sure. My friends are
nice so it will be fine.**

물론이죠. 다들 좋은 사람들이라서
괜찮을 거예요.

**I'm so glad but today,
my parents are
coming from far away.**

정말 기쁜 제안인데 오늘 부모님께서
먼 곳에서 오시거든요.

invite 동 초대하다, 초청하다

**Then you already have
a dinner schedule?**

저녁 약속을 했나요?

 Yes, right.

네, 맞아요.

**Then give me your
e-mail address. I will
let you know when I
publish the first book
with my name on it.**

그럼 메일 주소 알려주세요. 제 이름이
적힌 첫 책이 나오면 소식 전할게요.

**Oh, good idea.
Please let me know.**

오, 좋은 생각이네요. 꼭 알려주세요.

schedule 몡 일정, 스케줄 됭 일정을 잡다, 예정하다
address 몡 주소

I will let you know를 응용한 표현을 배워보도록 하죠.

▌**I'll let you know later.** 나중에 알려 드릴게요.
▌**I'll let you know when it's ready.** 준비되면 알려 드릴게요.
▌**Please let me know when it's ready.** 준비되면 알려 주세요.

Let은 무언가 원하던 일을 하게 해줄 때 사용하는 표현입니다. 비슷한 표현으로 **make, have, get**도 있죠. **make**는 강압적으로 시키는 것을 의미합니다. **have**는 당연히 해야 할 요구를 할 때, **get**은 설득을 통해 어떤 일을 하도록 할 때 각각 사용하는 표현입니다.

▌**Make him be quiet.** 조용히 시키세요.
▌**I had the maid clean my room.** 메이드에게 방을 청소하도록 했다.
▌**I got him to agree.** 난 그가 동의하도록 설득했다.

Episode
07

여기 자주
오시지 않나요?

You come here often, don't you?

단골 카페에서 몇 번이나 마주친 외국인과 오늘도 마주쳤다. 그동안 말을
걸고 싶었는데 오늘은 외국인도 한가해 보인다.

You come here often, don't you?

여기 자주 오시죠?

Yes, I come here almost everyday for coffee.

네, 거의 하루에 한 번씩은 와서 커피를 마셔요.

I come here often too and I think I've seen you a few times.

저도 여기 단골인데 몇 번 뵌 것 같아서요.

Yes, I've seen you too. Nice to meet you. I'm Michael.

사실은 저도 그쪽을 몇 번 봤어요. 반가워요. 저는 마이클이에요.

**Nice to meet you too.
I'm Hana. I come here often
because I live in a studio
right by this cafe.**

반가워요. 저는 하나예요.
저는 이 카페 바로 옆 오피스텔에서
살아서 여기를 자주 와요.

**I live around here too.
We are in the same
neighborhood.**

그렇군요. 저도 근처에 살아요.
한동네에 살고 있네요.

How's your studio? Is it clean?

살고 있는 오피스텔은 어때요?
깨끗한가요?

Yes. Could I ask what you do?

그렇겠네요. 혹시 무슨 일을 하는지 물어봐도 될까요?

I design books as a **freelancer**.

저는 프리랜서로 책 디자인을 하고 있어요.

Design… That's cool.
Are you a little free now?

오 디자인… 멋지네요. 지금은 좀 한가한가요?

Yes, actually that's the
problem. What about you?

네, 너무 한가해서 문제예요. 그쪽은요?

freelancer 명 프리랜서

I teach English at an elementary school.

저는 초등학교에서 영어를 가르쳐요.

Oh, do they learn well?

그렇군요. 애들이 잘 따라 하나요?

They find me more interesting than the English.

영어보다는 저를 더 신기해해요.

Haha, that could happen.

하하, 그럴 수도 있겠네요.

elementary school 몡 초등학교

learn 동 (사전·참고 자료·컴퓨터 등에서 정보를) 찾아보다

well 부 1. 잘, 좋게, 제대로 2. 철저히, 완전히, 잘 몡 건강한, 좋은

As ~ as는 비슷하다는 의미의 비교급 표현입니다.

▮ **It's as expensive as an airplane.** 이건 비행기만큼 비싸.

As ~ as 표현은 **not**을 통해 쉽게 부정할 수 있습니다.

▮ **It's not as expensive as an airplane.** 비행기만큼 비싸지 않아.

As ~ as 표현에서 가장 자주 등장하는 비교 대상은 본인이나 상대방의 생각입니다.

▮ **It's not as expensive as you think.** 네 생각만큼 비싸지 않아.
▮ **It's not as expensive as I though.** 내 생각만큼 비싸지 않군.

Episode
08

가방이 정말
무거워 보여요.

Your bag looks so heavy.

한 외국인이 정말 큰 여행 배낭을 옆에 두고 기대서 노트에 필기하고 있었다.
왠지 재미난 이야기들이 많을 것 같았다.

backpack 명 배낭

for a long time 숙 오랫동안, 장기간

Are you on a **vacation**?

휴가 중이신가요?

No, It is my job to travel.

아니에요, 여행을 하는 게 제 일이에요.

Awesome. Then you must have been traveled to many countries.

멋지네요. 그럼 많은 나라를 여행했겠네요.

Yes. But there are many more countries I haven't been to.

네, 하지만 아직도 못 가본
나라가 더 많아요.

vacation 명 휴가, 방학

Wow. Your job is really **enviable** and nice.

와. 정말 부럽고 멋있는 직업이네요.

Yes, I'm also **satisfied with** my job. I'm a lucky guy.

네, 저도 제 일에 만족하고 있어요. 행복한 사람이죠.

Traveling would be very **costly**. How do you **afford** many travels?

그럼 여행비가 만만치 않을 텐데 어떻게 많은 여행을 할 수 있죠?

My company supports the travel expense. I write journals about my travel for the company.

회사에서 여행비를 지원해 줘요. 대신 저는 여행에 대한 글을 쓰죠.

enviable 형 부러운, 선망의 대상이 되는
satisfied with 숙 ~에 만족한
costly 형 많은 돈이 드는, 대가가 큰
afford 동 ~할 여유(형편)가 되다

Oh, that's why you were writing notes?

아, 그래서 지금도 노트를 작성하는 중이었나요?

Yes, I was writing for a little bit.

네, 맞아요. 잠깐 적고 있었어요.

I interrupted you.

제가 방해했군요.

Don't worry. I finished.

신경 쓰지 않아도 돼요. 다 적었어요.

interrupt 동 방해하다, 중단시키다

Then can I find your travel book when I go to a book store?

서점에 가면 당신이 쓴
여행책을 볼 수 있나요?

Yes, maybe you can.

네, 아마도요.

I will go buy your book when I **get to** think of you. I would like to read it.

생각날 때 꼭 서점 가서 한 권 구매할게요.
왠지 보고 싶네요.

Thanks. I can actually give you one.

고마워요. 사실 제가 선물해 줄 수도 있어요.

---

get to 숙 1. ~에 도착하다, 2. ~와 연락이 닿다 3. ~에 착수하다, ~을 시작하다

Can you?
그래도 되나요?

Of course. But I don't have it with me right now. Can you give me your e-mail address?

물론이죠. 하지만 지금 당장은 없고
이메일 주소를 일단 알려주실래요?

Yes, here it is.
네. 여기요.

OK. Then I will e-mail you and you can let me know your address.

네. 그럼 여기로 제가 메일 보낼게요.
그때 주소를 알려주세요.

OK. I will look forward to it.
네. 기다릴게요.

look forward to 숙 ~을 기대하다, 즐거운 마음으로 기다리다

must의 두 가지 의미에 대해서 알아볼까요? 가장 많이 쓰이는 의미는 **어떤 일을 꼭 해야 한다**는 의미지요. 하지만 그 못지않게 **틀림없다**라는 의미로도 많이 쓰입니다. 그러니 **must**는 영어 회화에서 꼭 갖고 있어야 할 **must have** 아이템인 거죠.

▎**You must eat something.** 당신은 무엇이든 좀 드셔야 해요.
▎**You must have something to tell me.** 저한테 할 말이 있으신 게 분명해요.

위의 두 가지 예문은 모두 현재형이죠? 이번엔 **과거형**을 살펴보죠. 꼭 해야 한다는 의미의 **must**는 과거형이 없어요. 그래서 대신 **should have + 과거분사** 형태를 사용합니다.

▎**You should have eaten something.** 무엇이든 좀 드셨어야죠.
▎**You must have had something to tell me.** 저한테 할 말이 있으셨던 거죠?

Episode
09

뭐 읽고 계세요?

What are you reading?

멋진 남자가 벤치에 앉아서 책을 읽고 있다. 굉장히 집중하고 있는 것
같다. 관심 있게 보는 중에 남자가 잠깐 책을 덮고 하늘을 본다.

What are you reading?

뭘 읽고 계세요?

The Alchemist.
It's a good story.

연금술사요. 좋은 이야기예요.

Oh, I know the **author**,
Paulo Coelho. He wrote
many **best-selling** books.

아, 저도 그 작가 알아요. 파울로 코엘료.
베스트셀링 책들을 많이 썼죠.

Right. I like his books.

맞아요. 전 그의 책들을 좋아해요.

author 명 작가, 저자

best-selling 숙 가장 많이 팔리는

You like reading, don't you?

책 읽는 걸 좋아하나 봐요.

Yes, I do. I **especially** like reading at the park.

네. 특히 공원에서 읽는 걸 좋아해요.

Does it feel different from reading at home?

집에서 읽는 거랑은 다른 기분인가요?

Yes, The fresh air and cool wind make me feel **refreshed**.

네, 공기도 좋고 바람도
시원해서 기분이 좋아져요.

especially 뷔 특히, 특별히, 유난히
refreshed 형 (기분이) 상쾌한

day-off 명 (근무·일을) 쉬는 날

hang out with 숙 ~와 시간을 보내다

All my friends are at work.

친구들은 모두 일할 시간이거든요.

Yes, I see.

하긴 그렇겠네요.

Is it your day-off too?

그쪽도 쉬는 날인가요?

I'm a freelancer and don't have a **fixed** day-off.

저는 프리랜서라서 특별히
쉬는 날이 정해져 있지 않아요.

fixed 형 고정된, 확고한, 변함없는(별로 진실되지 못함을 나타냄)

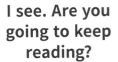

I see. Are you going to keep reading?

그렇군요.
계속 책 읽을 건가요?

Well, did you eat **breakfast**?

글쎄요, 혹시 아침 먹었어요?

No. I don't really eat **breakfast**.

아뇨. 아침은 잘 안 먹어요.

That's good. Why don't we go have **brunch**?

잘됐네요. 저랑 같이 브런치 먹을래요?

breakfast 명 아침(밥), 아침 식사
brunch 명 브런치, 아침 겸 점심

**Oh, shall we? I feel
a little hungry anyway.**

오, 그럴까요? 좀 배가 고프긴 하네요.

Today is going to be a fun day.

오늘은 뭔가 재밌는 하루가 될 것 같네요.

Why is that?

왜요?

**I think a stranger will
become my friend today.**

낯선 사람과 친구가 될 것 같아서요.

become 동 ~이 되다

산책하러 **가자**고 말할 땐 뭐라고 하면 좋을까요?

▌ **Let's go get some fresh air.**
▌ **Let's go for a walk.**
▌ **Let's take a walk.**

다음은 **휴가**에 관련된 표현입니다.

▌ **It's my day off today.** 저는 오늘 휴일이에요.
▌ **He is off today.** 그는 오늘 휴일이에요.
▌ **I'll take 3 days off.** 3일 휴가를 쓸 예정이에요.
▌ **Are you off today?** 오늘 휴일이세요?

공통의 관심사를 발견하라

대화가 풍성해지는 것은 그 자체로도 우리를 즐겁게 하는 바이다. 그러나 이 과정에서 우리는 또 한 가지의 보너스를 발견하게 될지도 모른다. 단순한 대화 상대를 넘어 진짜 친구를 얻게 되는 것 말이다.

친구 사이에 공통의 관심사처럼 중요한 것이 있을까? 취미와 관심사가 다양해진 요즘엔 더욱 그렇다. 이러한 현상은 시대가 발전할수록 더욱 강해질 것이다. 학창 시절 단짝 친구보다 현재의 동호회 친구들과 더 자주 만나게 되는 것도 이러한 현상과 맥을 같이한다.

공통의 관심사를 발견하는 것은 낯선 대화 상대를 친구로 발전시키는 매우 좋은 방법이면서 거의 유일한 방법이다. 왜냐하면, 공통의 관심사를 통해 우리는 이후 함께할 수 있는 일정을 정하고 약속할 수 있기 때문이다. 생각해 보자. 난데없이 "우리 다시 만나자"라고 할 수는 없는 일 아니겠는가?

  물론 이러한 과정이 순조롭게 이루어진다고 해서 우리는 그 관계를 낙관적으로만 생각해서는 안 된다. 그저 상황상 그렇게 이야기했을 확률도 매우 높기 때문이다. 이것은 상대뿐 아니라 당신도 마찬가지 아닌가? 이제 당신도 거의 외웠을 만한 이야기를 다시 하자면, 집착해선 안 된다. 예를 들어 함께 공통의 관심사인 금붕어 쇼핑을 가기로 약속했다고 치자. 그러면 대충의 날짜를 정하고 조심스럽게 연락처를 받았을 것이다. 하지만 그렇다고 해서 곧바로 시간 약속을 정해도 된다는 것은 아니다. 이 연락처는 어떤 방식으로 사용하는 것이 좋을까? 순서를 정해보았다.

STEP1 만나서 반가웠다는 친절한 문자 메시지를 보낸다. 왜냐하면, 당신만큼 상대방도 당신에 대해 어떤 사람인지 확신하지 못하고 있기 때문이다. '서로 전화번호를 교환했지만, 설마 진짜 연락을 하겠어?'라고 생각하고 있을지도 모른다. 따라서 일단 우리가 사교적이고 적극적이며 상대를 배려하는 마음을 가지고 있다는 것을 보여주는 것은 당연한 과정이다. 하지만 이 과정에서 상대의 답장이 없을 수도 있다. 그리고 만약 답장이 왔다 하더라도 꼭 재답장을 보내야 하는 것은 아니다.

It was really nice to meet you.
I hope you are enjoying your travel.

STEP2 혹시 함께 가기로 한 금붕어 쇼핑이 정말 가능하겠는지, 시간상으로 곤란하지는 않은지 물어본다. 여기서 상대의 답장을 보면 상대의 의사를 알 수 있다.

Do you remember to go shopping together?
I'm wondering if you are not too busy.

STEP3 장소와 시간을 정한다.

Where shall we meet?
What time shall we meet?

이야기를 마치며 한 가지 당부하고 싶은 말이 있다. 낯선 외국인에게 말을 걸 때면 우리는 이 사람을 단지 외국인으로서만 생각하게 될지도 모른다. 하지만 이 사람은 외국인이기 이전에 하나의 개인이며 모든 사람은 각각 다른 성격을 가지고 있다. **즐거운 대화가 이어지건, 아니면 냉정하게 거부당하건 그것은 결코 그 사람이 외국인이기 때문이 아니다. 당신이 말을 걸었던 그 사람의 성격, 다시 말해 이 세상의 60억 인구만큼 다양한 성격 중 우연히 마주친 하나의 성격이 그랬을 뿐이다.** 따라서 지나치게 저돌적인 것도, 지나치게 두려워하는 것도 결코 현명하지 못하다. 이 말을 기억하며 부디 세계인과의 대화가 주는 즐거움에 함께 빠져들 수 있기를 바란다.

Episode
01

저 남자 정말
귀엽지 않아요?

The guy is so cute, isn't he?

따분한 오후, 낯선 외국인과 나란히 벤치에 앉아 있었다. 우리 앞으로
멋진 남자가 지나간 순간 우리 둘의 눈이 마주쳤다.

Hey, hey! The guy is so cute, isn't he?

저 남자 정말 멋있지 않아요?

Haha. Actually, I have been watching him too.

하하. 사실 저도 보고 있었어요.

Maybe we have the same **taste**.

저랑 취향이 비슷한가 봐요.

Umm. Maybe he is the type most girls like?

음. 아마 대부분의 여자가 좋아하는 스타일 아닐까요?

taste 명 1. 맛, 미각, 입맛 2. 취향 동 맛이 ~하다, 맛이 ~한

Yes,
I think so.
그렇겠네요.

Do you have
a boyfriend?
남자친구 있어요?

**No, but I really want one.
What about you?**

있으면 좋겠네요. 그쪽은요?

**Umm. Yes but he is in
another country. We don't
get to see very often.**

음. 저는 있지만 다른 나라에
있어서 자주 못 봐요.

Is he from another country?

다른 나라 사람인가요?

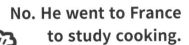

No. He went to France to study cooking.

아니에요. 프랑스에
요리 공부하러 갔어요.

It's nice that you have a chef boyfriend.

남자친구가 요리사라서 좋겠어요.

In what way?

어떤 점이요?

**He will cook many
delicious foods for you.**

맛있는 요리를 많이 만들어 줄 것 같아요.

**Yes. Occasionally. Most of
the time** I cook for him.

네. 아주 가끔이요. 대부분은 제가 해줘요.

occasionally 분 가끔
most of the time 숙 대부분, 보통의 경우

Why? Isn't your boyfriend nice to you?

왜요? 남자친구가 잘 안 해주나요?

We met at a cooking class which I teach.

제가 가르치는 요리 학원에서 만났거든요.

Oh. Then you are a chef too?

아. 그럼 당신도 요리사예요?

Yes, he was my student.

네, 남자친구는 저의 학생이었어요.

Episode
01

That's a fun story.

정말 재밌는 이야기네요.

**I wish you would
come to my class too.**

당신도 저의 학원에 나오면 좋겠네요.

**You think I am
not good at cooking?**

제가 요리를 못 할 것 같은가요?

**No. There are many
handsome guys in the class.**

그런 건 아니에요. 학원에 멋진 남자들이 많거든요.

Really?
Can I go right now?

정말요? 지금 바로 가도 되나요?

Haha.
You are impatient.

하하, 성격이 급하시군요.

impatient 형 조급한, 성마른, 참지 못하는

Tip

He is the type most girls like는 뒤에 있는 most girls like가 앞에 있는 the type을 꾸미는 형태입니다. the type을 **선행사**라 부르고 most girls like는 **형용사절**이라 부릅니다. 그 둘 사이에 **관계대명사**가 생략되어 있죠. 이 표현을 응용해서 연습해 볼까요?

▌**He is the type most girls like.** 그는 대부분의 여자들이 좋아하는 타입이에요.

▌**He is a singer most girls like.** 그는 대부분의 여자들이 좋아하는 가수예요.

▌**This is the movie I like.** 이것은 제가 좋아하는 영화예요.

에릭 클랩튼은
최고의 뮤지션이에요.

Eric Clapton is the best musician ever.

맞은편에 외국인이 걸어온다. 티셔츠에 에릭 클랩튼의 얼굴이 떡하니
박혀 있다. 왠지 말 걸고 싶다. 친절할 것 같다.

Episode
02

Eric Clapton!

에릭 클랩튼!

Huh?
What did you say?

네? 무슨 말이죠?

Oh, I'm saying
the musician
on your T-shirt.

아, 당신 티셔츠에 있는
뮤지션이에요.

Ah! Eric Clapton!
He's the best!

아! 에릭 클랩튼! 최고죠!

Yes, He is
really awesome.

맞아요, 정말 정말 최고죠.

Do you like his songs?

에릭 클랩튼 노래 좋아해요?

Yes, I love them. I listened
a lot when I was a **teenager**.

네, 정말 좋아해요. 10대에 정말 많이 들었어요.

Wow. Eric Clapton is
the best musician ever.
Which song do you like?

와우. 에릭 클랩튼은 최고의 뮤지션이죠.
어떤 노래 좋아해요?

teenager 명 10대(나이가 13~19세인 사람), 청소년

I like every song of his. Especially
the songs from the **"Unplugged** Album".

거의 모든 노래를 좋아해요.
특히 "언플러그드 앨범"에 있는 곡들은 전부 좋아해요.

"Unplugged"! I saw the concert live.

"언플러그드 앨범"! 전 그 공연을 눈으로 직접 봤죠.

unplugged 형 부 어쿠스틱 악기 중심의, 전자 악기를 사용하지 않는

Really? You've witnessed the historical moment in person.
정말요? 그 역사적인 사건을 직접 목격했군요.

Yes, It was amazing.
There were **scores of** thousands of **audiences**.
맞아요, 정말 놀라웠죠. 수만 명의 관객이 가득 찼었어요.

Ah, I wish I could see that.
아, 저도 정말 보고 싶네요.

It was just fantastic.
정말 환상적이었어요.

witness 동 목격하다 명 목격자, 증인
in person 숙 직접, 몸소
scores of 숙 많은, 수많은
audiences 명 청중, 관객, 시청자

Can you play the guitar?
혹시 기타 연주도 할 줄 알아요?

A little bit.
I can play "Tears in Heaven".
아, 조금이요. "Tears in Heaven" 정도요.

Oh, "Tears in Heaven"!
Sometime we could
play together.
오, "Tears in Heaven"!
언제 한번 같이 연주해 봐요.

That would be fun.
What kind of instrument
will you play?
재밌겠네요. 당신은 어떤 걸 연주할 건가요?

instrument 명 1. (특히 섬세하거나 과학적인 작업에 쓰는) 기구 2. 악기

You play the guitar and I will sing.
당신이 기타 연주를 하면, 저는 노래를 할게요.

Billboard

Haha. I can't wait. Shall we go hit the billboard?
하하. 기대되는군요. 우리 둘이 빌보드 차트를 공략하러 갈까요?

I'm ready!!

Tip

뭐라고요? 라고 묻는 표현에는 어떤 것들이 있을까요?

▮ Sorry?

▮ I'm sorry?

▮ Come again?

▮ Pardon?

▮ I beg your pardon?

▮ What was that (again)?

▮ What did you say?

이 모든 표현이 의미하는 바는 모두 한 가지입니다. **뭐라고 하셨죠?**

커피가 정말 맛있네요.

The coffee tastes really good.

사람들로 붐비는 점심시간이 지난 한낮이었다. 카페에는 나랑 외국인만 달랑 앉아 있었고, 외국인은 기분 좋은 표정으로 커피를 마시고 있었다.

This cafe's coffee tastes really good.
Compared to other cafe's coffee,
this has a special taste.

여기 커피는 정말 맛있는 것 같아요.
다른 카페 커피랑 비교해서 좀 특별해요.

That's why I come here often.
All my friends like the coffee here.

저도 그래서 자주 와요. 제 친구들도 다 여기 커피를 좋아해요.

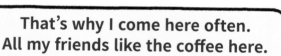

It is not too **mild** and
not too **bitter**··· Just perfect.

싱겁지도 않고, 너무 쓰지도 않고 적당한 맛이에요.

compared to 숙 ~와 비교해서
mild 형 가벼운, 순한, 연한, 포근한
bitter 형 쓴, 모진, 호되게, 쓴맛

**Is it Americano
that you usually drink?**

여기서 가장 즐겨 마시는 게 아메리카노인가요?

Yes, most of the time.

네, 대부분은요.

**I like ice cream here too.
The owner makes it
by himself every morning.**

전 여기 아이스크림도 좋아해요.
오너가 아침마다 직접 만든다고 해요.

**I didn't know that.
I should try sometime.**

그건 몰랐는데요. 저도 한번
아이스크림을 주문해 봐야겠어요.

> **You should try yogurt ice cream. It's very refreshing.**
> 요거트 아이스크림 꼭 드셔보세요. 굉장히 신선해요.

Good. I like yogurt ice cream.
저 요거트 아이스크림 좋아하는데 잘됐네요.

Once you try, it could be your favorite menu here.
아마 한 번 먹으면 여기서 시키는 주메뉴가 바뀔지도 몰라요.

refreshing 형 신선한, 상쾌하게 하는
favorite 형 마음에 드는, 매우 좋아하는 명 좋아하는 사람, 특히 좋아하는 물건

**Umm··· What should I do
if I want both coffee
and ice cream?**

음··· 커피도 마시고 싶고 아이스크림도
먹고 싶을 땐 어쩌죠?

**We could order them together
and pay separately.
What do you think?**

저랑 같이 주문하고 더치페이하는 건 어때요?

**Oh, you are a genius.
Good idea. I should
try the ice cream.**

오 당신 천재군요. 그거 좋은데요.
일단 아이스크림 맛을 봐야겠어요.

You won't regret.

후회 안 할 거예요.

separately 부 따로따로, 각기, 별도로
genius 명 천재, 귀재, 천재성
regret 동 후회하다 명 유감, 애석, 후회

Tip

All은 전부를 뜻하죠. 보통 **All of them**의 형태로 사용합니다. 이 외에 분량을 나타내는 표현에는 어떤 것들이 있는지 볼까요?

▌ **All of them** 대상 전부를 나타낼 때
▌ **Some of them** 대상 일부를 나타낼 때
▌ **None of them** 대상 전부를 부정할 때
▌ **Any of them** 대상 중 무엇이든 관계없을 때

어렵지 않죠? 문제는 우리가 자주 착각할 때가 있다는 것입니다. **대상이 단 두 개뿐인 경우**에 그렇죠.

▌ **Both of them** 둘 중 두 개를 나타낼 때
▌ **One of them** 둘 중 하나를 나타낼 때
▌ **Neither of them** 둘 중 두 개를 모두 부정할 때
▌ **Either of them** 둘 중 무엇이든 관계없을 때

여기 너무
시끄럽네요.

It is so loud in here.

커피를 마시고, 책도 읽으며 친구를 기다리고 있었다. 카페에서는 라틴
음악이 흘러나오고 있었다.

I think It's **loud** in here.
여기 좀 시끄러운 것 같아요.

Yes, The music is so **loud** like
a Latin club on Friday night.

네, 음악 소리가 너무 크네요.
금요일 밤의 라틴 클럽 같아요.

A Latin club on Friday night…
Sounds interesting. Anyways,
I think cafes should be
a **peaceful** place for
people to come and talk.

금요일 밤의 라틴 클럽… 왠지 끌리는데요.
뭐 아무튼, 카페는 느긋하게 사람들과
대화하러 오는 공간이라고 생각해요.

loud 형 시끄러운 부 크게, 시끄럽게

peaceful 형 평화적인, 비폭력적인, 평화로운

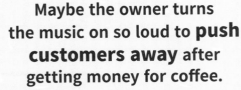

Maybe the owner turns the music on so loud to push customers away after getting money for coffee.

어쩌면 주인이 커피값을 받은 후에는 손님들을 내쫓으려고 일부러 시끄러운 음악을 트는지도 몰라요.

Hmm. Interesting.

흥미진진한데요?

Watch the owner's face closely before and after paying.

주인의 표정을 관찰해 보세요.
계산하기 전과, 계산한 후의 표정을 말이죠.

It's going to be fun. The guy over there looks like the owner.

재미있겠네요.
저기 저 사람이 여기 주인인가 봐요.

push away 숙 밀어젖히다, 밀어내다

Episode
04

No, he is a **part-timer.**
아니에요. 저 사람은 여기 파트 타이머예요.

The owner is
not **showing up.**
주인이 안 보이네요.

The owner could be
talking with you now.
주인은 지금 당신이랑 대화 중인 것 같은데요.

I see··· What?
그렇군요··· 네?

SHOCKING!
Oh, my God.
오, 맙소사.

part-timer 명 파트타임(시간제 근무) 직원
show up 숙 (예정된 곳에) 나타나다

**Haha, actually today is
a special day. Usually,
our shop is very quiet too.**

하하, 사실 오늘은 특별한 날이거든요.
평소에는 우리 가게도 조용하답니다.

**What kind of event
do you have today?**

오늘은 어떤 이벤트가 있는 건가요?

**Today, there is a special meeting
for Latin dance club members.**

네, 오늘은 특별히 라틴 댄스 클럽
회원들이 여기서 모임을 하거든요.

quiet 형 조용한 명 고요

leader 명 지도자, 대표
passionate 형 열정적인, 열렬한
hobby 명 취미

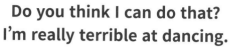

**Do you think I can do that?
I'm really terrible at dancing.**
저도 할 수 있는 춤인가요? 춤을 잘 못 추거든요.

**It doesn't matter.
Today there will be many
members coming. I will
introduce them to you.**
그런 건 상관없어요. 마침 오늘 회원들이
많이 올 테니 소개해 드릴게요.

**Oh, really?
I'm getting excited.**
정말요? 기대되는데요.

matter 동 중요하다, 문제되다
get excited 숙 흥이 나다, 신이 나다

Tip

Turn on은 **켜다**라는 뜻입니다. 음악을 켜려면 **The music**을 붙여주면 되죠.

▌**Turn on + The music**

하지만 이처럼 두 단어로 이루어진 동사는 **목적어 The music**을 그 사이로 가져오는 것이 보통입니다.

▌**Turn the music on** 음악을 켜다

밀어내다라는 뜻을 가진 **push away**도 같은 현상을 보이죠.

▌**Push away + the customers**
▌**Push the customers away** 고객을 밀어내다

많이 졸리신가 봐요.

You look sleepy.

심심한 오후였다. 옆 테이블 외국인의 모습이 우스꽝스러웠다. 눈을 감았다 떴다를 몇 번 반복하더니, 어느새 자기도 모르게 졸고 있었다.

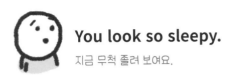

You look so sleepy.
지금 무척 졸려 보여요.

Yeah, right.
I stayed up all night.
네, 맞아요. 어젯밤 한숨도 못 잤어요.

Was there something wrong?
안 좋은 일이 있었나요?

No. I just wanted to watch
Tim Burton's movie last night.
아니에요. 어젯밤 갑자기 팀 버튼
감독의 영화가 보고 싶었거든요.

stay up 숙 (평상시보다 더 늦게까지) 안 자다, 깨어 있다

Ah, Tim Burton! "Edward Scissorhands", "Charlie and The Chocolate Factory"···
He is my favorite director too.
아, 팀 버튼! "가위손", "찰리와 초콜릿 공장"···
저도 좋아하는 감독이에요.

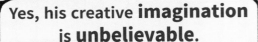

Yes, his creative **imagination** is **unbelievable**.
네, 그의 상상력은 정말 최고죠.

Yes, there is so much to see.
맞아요, 볼거리가 정말 많아요.

You can enjoy his movies better in a dark space at night.
특히 캄캄한 밤에 어두운 방에서 보면 훨씬 더 재밌어요.

You slept late because you watched movies?
그래서 어제 영화를 보느라 늦게 잤군요?

No. I just **spent all night** searching for video files on the internet.
아니에요. 인터넷에서 밤새 파일만 찾았어요.

imagination 명 상상력, 상상
unbelievable 형 믿기 어려울 정도인
spend all night 숙 밤을 새우다, 밤새

Actually I have some DVDs of Tim Burton.

사실 저한테 팀 버튼 감독의 영화 DVD가 좀 있어요.

Really?

정말요?

Yes, do you want to borrow them?

네, 빌려드릴까요?

Oh, I should've met you yesterday. Thanks but it's OK.

아 당신을 어제 만났더라면. 정말 고맙지만 괜찮아요.

borrow 동 빌리다

Why?
왜요?

It might sound **weird**,
but I feel like watching
George Lucas movie today.
좀 이상하게 보일지 모르겠지만,
오늘은 조지루카스 영화가 보고 싶거든요.

George lucas

**Haha, you are
very moody.**
하하. 변덕이 심하군요.

**Maybe. Thanks for
offering though.**
그럴지도요. 아무튼,
신경 써줘서 고마워요.

weird 형 기이한, 기묘한, 별난
moody 형 기분 변화가 심한
offer 동 제의(제안)하다, 권하다 명 제의, 제안

Espresso
Americano
Hazelnut
Cappuccino
Cafe Latte

Caramel Latte
Vanilla Latte
Hazelnut Latte
Vienna
Macchiato

You're welcome.
Tell me If you want to watch
Tim Burton's movie **any time**.
I will often be at this cafe.

아니에요. 언제든 다시 팀 버튼 감독 영화가
보고 싶으면 얘기하세요. 저는 이 카페에
자주 있거든요.

I will. Thank you.

그럴게요. 고마워요.

any time 부 언제든

Tip

ing는 **진행형** 아니면 **동명사**라고 우리는 보통 생각합니다. 하지만 ing에는 두 가지 의미가 더 있습니다.

1. ~하느라고

▮ **I spent all night searching for video files.**
나는 비디오 파일을 찾느라 밤을 보냈다.

▮ **I was busy watching movies.**
나는 비디오 파일을 찾느라 밤을 보냈다.

2. ~하면서

▮ **I watched a movie eating Chinese food.**
나는 중국 음식을 먹으며 영화를 보았다.

▮ **I tried to fall asleep watching a movie.**
나는 영화를 보며 잠들려 노력했다.

저희 어디선가
만난 적 있죠?

Have we met somewhere?

사람이 많지 않은 갤러리에서 그림을 보고 있었다. 옆에 외국인도 나와
같은 그림을 보고 있다. 어디선가 본 적이 있는 얼굴이다.

**Excuse me. Have we
met somewhere?**

실례합니다. 우리 혹시
어디서 본 적 있나요?

**Umm, well.
Was it on TV?
Haha.**

음, 글쎄요. TV에서
봤나요? 하하.

Seriously, I think
we've met somewhere.

정말 어디서 본 것 같아요.

**Well, I think I've seen
you for the first time.**

음, 저는 그쪽을 처음 뵙는 것 같아요.

seriously 부 진지하게, 진심으로
for the first time 숙 처음으로

Oh. I remember.
I saw you on
the **newspaper**.

아, 기억났어요. 신문에서 봤어요.

What? On the **newspaper**?

네? 신문에서요?

In the **social columns**.

사회면에서요.

What? You must be kidding.

네? 농담이죠?

newspaper 몡 신문, 신문지
social column 몡 사회 칼럼

Yes, I am. Haha.
But I really remember.
네, 하하. 그런데 정말 기억 났어요.

Didn't you come to the local
public office last week?
혹시 저번 주에 구청에 오지 않으셨나요?

Oh, yes. I did.
아 맞아요. 거기 있었어요.

Then it was definitely you.
We've seen at the market
held in the garden of
the local **public office**.
그럼 확실하네요. 구청 앞마당에서
열렸던 마켓에서 우리 봤었어요.

public office 명 관공서, 관청
be held in 숙 ~에서 열리다

**Ah, I just remembered.
Oh, I'm sorry.**
아, 이제 기억이 나네요. 오, 죄송해요.

**It's OK. It was so
crowded on that day.**
괜찮아요. 그날 워낙 사람이 많았잖아요.

**Right. It was chaotic.
You were selling accessories.**
맞아요. 정말 정신없었어요.
그때 액세서리 판매하셨었죠?

**Yes, I was. You brought
organic canvas bags.**
네, 맞아요. 그쪽은 친환경
캔버스 백 가지고 나왔었죠?

Right. You have a good memory.
네, 맞아요. 정말 기억력이 좋으시네요.

chaotic 혱 혼돈(혼란) 상태인

organic 혱 유기농의, 화학 비료를 쓰지 않는

I remember because the bags were so cute.

그때 그 가방들이 참 예뻐서
기억에 남았어요.

If you like them, I will give you one. I have some **left** at home.

마음에 드시면 집에 남은 물건이
있는데 하나 드릴게요.

Wow, really? I'm so glad.

와, 정말요? 너무 신이 나네요.

I'm glad that you like it so much.

이렇게 좋아해 주셔서 제가 기쁘네요.

left (명사 혹은 대명사 뒤에서 사용) 남아있는, 사용되지 않은

You came here to look at the **paintings**?

여긴 그림 보러 오신 건가요?

Yes, my friend is the painter who **exhibits** today. What about you?

네, 친구가 오늘 전시하는 작가거든요. 그쪽은요?

I have lots of free time so I just came out to look around.

저는 오늘 너무 한가해서 구경 나왔어요.

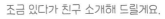

I will introduce you to my friend later.

조금 있다가 친구 소개해 드릴게요.

painting 명 (물감으로 그린) 그림
exhibit 동 전시하다 명 전시품

Tip

Have we met somewhere?는 **우리가 만난 적이 있나요?**라는 뜻의
표현입니다. 아래는 **Have you ever**를 이용한 응용표현입니다.

▌**Have you ever been in Paris?** 파리에 가 본 적 있나요?
▌**Have you ever tried surfing?** 파도타기를 해 본 적 있나요?

I'm glad는 기쁘다는 뜻의 표현이죠? **I'm glad that** 이후에는 어째
서 기쁜지 그 이유를 말해주면 됩니다.

▌**I'm glad that you like it.** 당신이 이것을 마음에 들어 해서 기뻐요.
▌**I'm glad that you are my friend.** 당신이 제 친구라서 기뻐요.
▌**I'm glad that I can see you again.** 당신을 다시 만날 수 있다니 기뻐요.

연주 잘 들었어요.

I enjoyed your song.

길거리에서 노래하는 외국인이 방금 공연을 마쳤다. 마음에 드는 공연이었고 대화를 하고 싶었다.

I enjoyed your song.

노래 정말 잘 들었어요.

Thanks.
Wasn't it too loud?

고마워요. 시끄럽지는 않았나요?

Not at all. It was
a great time for me.

전혀요. 정말 좋은 시간이었어요.

You are good at
flattering.

칭찬을 잘하시는군요.

flatter 동 1. 아첨하다, 알랑거리다 2. 자기가 잘난 줄 착각하다 3. 돋보이게 하다

I mean it. The guitar sound, voice and everything was great.

진심이에요. 기타 연주, 목소리 다 멋졌어요.

Thank you very much. I felt so happy because there were so many people listening today.

정말 고맙네요. 오늘 듣는 사람들이 많아서 저도 기분이 좋았어요.

Do you come here often?

여기에 자주 나오나요?

No, sometimes.

가끔 나와요.

When are you coming next time?

또 언제 나와요?

I'm not sure yet.

아직 잘 모르겠어요.

Too bad. I hope to listen to your song again if I have a chance.

아쉽군요. 다음에도 기회가
된다면 또 듣고 싶어요.

If you give me your phone number, I can send you a text.

연락처를 주시면 제가
메시지를 보낼 수도 있어요.

Really? If so, I will be so glad.

정말요? 그럼 정말 기쁘겠네요.

I'm also glad that you said many good things about my **performance**.

제 공연에 대해 좋은 얘기를 많이 해주셔서 저도 기뻐요.

Do you **give guitar lessons** too?

혹시 기타 수업도 하나요?

Yes, I do.

네, 합니다.

performance 명 1. 공연, 연주회 2. (개인의) 연기, 연주 3. 실적, 성과

give a lesson 숙 수업하다, 교습을 주다

I really want to learn guitar. But it's so **difficult** to learn alone.
저도 기타가 너무 배우고 싶은데 혼자 하기는 어렵더라고요.

Yes, It can be.
그럴 수 있죠.

How long must I learn to play really well?
얼마나 배우면 기타 연주를 잘할 수 있을까요?

That's hard to answer because it **depends on** the person.
음… 그건 대답하기 어려워요. 사람마다 다르거든요.

difficult 형 어려운, 힘든
depends on 숙 ~에 달려 있다

Right. It was a silly question.

그렇겠네요. 제가 바보 같은 질문을 했네요.

Play better

Practice more

The harder you practice, the faster you could learn.

열심히 하면 그만큼 빨리 배울 수 있어요.

silly 형 어리석은, 바보 같은 명 (비격식) 바보

This is my contact number. Can I have yours?

여기 제 연락처예요.
그쪽 연락처도 줄 수 있나요?

Sure.

네 물론이죠.

I will think about the lesson and give you a call.

레슨에 대해 생각 좀 해 보고
연락드릴게요.

OK. Call me anytime.

네, 아무 때나
연락 주세요.

How long을 이용한 가장 자주 사용되는 패턴 두 가지를 배워보겠습니다.

▌**How long should I learn?** 얼마나 오랫동안 배워야 하나요?
▌**How long should I wait (for it)?** 얼마나 오랫동안 기다려야 하나요?
▌**How long should I be here?** 얼마나 오랫동안 여기 있어야 하나요?
▌**How long does it take to go there?** 거기까지 얼마나 걸리나요?
▌**How long does it take to come here?** 오시는 데 얼마나 걸리나요?
▌**How long does it take to make it?** 만드는 데 얼마나 걸리나요?

이 집 맥주
어떤가요?

How is the beer here?

날씨가 매우 더운 날이다. 목이 마르다. 동네 펍의 야외 테라스에서 맥주를
마시고 있는 외국인이 보인다. 전에도 이 바에서 몇 번 마주친 적이 있는
사람이다. 이번엔 말을 걸어보기로 했다.

How are you? How is the beer?

안녕하세요. 이 집 맥주 맛있나요?

It's the taste of heaven.

천국의 맛이에요.

What is the food that you are eating with beer?

맥주랑 같이 먹는 그 음식은 뭐죠?

Special sausage that you can only taste here.

이 가게에서만 먹을 수 있는 소시지예요.

Wow, that looks so yummy.
와우, 정말 맛있겠네요.

It's **hand-made** sausage by the chef. **Good with** beer.
주방장이 직접 만드는 소시지예요.
맥주랑 잘 어울려요.

This hot weather is killing me.
날씨가 정말 덥네요.

Beer tastes better as the weather gets hotter.
날씨가 더울수록 맥주는 맛있어지죠.

yummy 형 (비격식) 아주 맛있는
hand-made 숙 수제의, 손으로 만든
good with 숙 ~에 잘 어울리는, ~에 재주있는

You're right. I agree.

맞는 말이네요. 동의해요.

Why don't you come in and have some beer instead of standing there?

서 있지만 말고 들어와서 한잔하지 그래요?

Ah, I would love to. But I can't right now.

아, 정말 그러고 싶은데 당장은 안 돼요.

Why not?

왜요?

I got things to do right now. I will come back for beer in an hour.

지금 할 일이 있어서요.
한 시간 뒤쯤 꼭 와서 마셔야겠어요.

There will be a soccer match on TV here.

오늘 여기서 축구 경기 중계를 해요.

Oh, what match?

아, 무슨 경기예요?

England versus Argentina!

잉글랜드 VS 아르헨티나!

soccer match 명 축구시합

versus ～대, VS, ～와 대비하여

Big match. I should watch it with some beer.
빅매치네요. 꼭 맥주 마시면서 봐야겠어요.

See you then. I think I will still be here.
그럼 그때 봐요. 아마 그때도 전 여기 있을 것 같네요.

OK. Let's drink together then.
네, 그럼 그때 같이 마셔요.

Tip

I got(have) things to do는 해야 할 일이 있다는 표현이죠. 이를 응용해서 유용한 표현들을 만들어 보겠습니다.

▌**I have a plan to do.** 해야 할 일이 있어요.

▌**I have a flight to catch.** 타야 할 비행기가 있어요.

▌**I have a friend to meet.** 만나야 할 친구가 있어요.

▌**I have so many things to do.** 해야 할 일이 너무 많아요.

▌**I have something to tell you.** 당신에게 해야 할 말이 있어요.

자전거가 정말 근사하네요.

Your bicycle looks cool.

자전거 가게 앞에 한 외국인이 자전거 옆에 서 있었다. 한눈에 보기에도 요즘 보기 어려운 오래된 자전거였다. 그 자전거는 근사했고, 외국인과 잘 어울렸다.

Your **bicycle** looks cool.

자전거 근사하네요.

Thanks. But it is old and **shabby**.

고마워요. 하지만 오래돼서 많이 낡았어요.

Yeah but that's why it looks **antique** and nice.

그래 보이긴 하지만 오래돼서 더 멋있는 것 같아요.

Yes, you could say that. Actually, It's from my dad.

그런 면이 있긴 있죠. 사실은 아버지한테 물려받은 자전거예요.

bicycle 몡 자전거

shabby 혱 1. 다 낡은, 허름한, 추레한 2. 부당한, 터무니없는

antique 혱 (귀중한) 골동품인 몡 (귀중한) 골동품

Wow, really?
That's amazing.
The bicycle might be
older than I am.

와 정말이요? 놀랍네요.
자전거가 저보다 나이가 많겠어요.

It could be a lot older.
My daddy said it was
given from grandpa.

아마도 훨씬 많을 거예요.
우리 아버지는 할아버지에게
물려받았다고 하셨어요.

The more I hear the more
interested I become.
You should be careful
with that bicycle.

들을수록 놀랍네요.
그 자전거 조심해야겠어요.

Why?
왜요?

**I might steal and turn it over to
an antique shop for a high price.**

제가 훔쳐 가서 골동품 상점에
비싼 값에 넘길지도 몰라요.

**Haha, oh my God. Then
I might turn you over to
the police for a bargain price.**

하하, 맙소사. 그렇다면 저는 싼값에
당신을 경찰에 넘길지도 몰라요.

**You must
be kidding.**

농담이죠?

**Of course.
Were you serious?**

당연하죠.
설마 그쪽은 진담이었나요?

---

steal 동 훔치다, 도둑질하다

turn somebody over to somebody 숙 ~를 (경찰 등에) 넘기다

bargain 명 1. (정상가보다) 싸게 사는 물건 2. 합의, 흥정 동 협상(흥정)하다

No way, haha. The bicycle **fits** you **nicely.** Cool.

설마요, 하하. 당신이랑도
자전거가 잘 어울리네요. 근사해요.

Thanks for saying that. **Since** the bicycle is old, it's not easy to get parts when it is broken.

그렇게 말해주니 고마워요.
자전거가 오래돼서 고장 날 때마다
부품 구하는 게 쉽지가 않아요.

Yes, then how about learning repairing?

그렇겠어요. 직접 정비를 배워보는 건 어때요?

I thought about it, but I'm not good at it.

저도 생각을 해 봤지만,
그쪽으로는 영 소질이 없어요.

---

fit 동 1. (모양크기가 어떤 사람사물에) 맞다 2. (어느 장소에 들어가기에) 맞다

nicely 부 멋지게, 잘, 친절하게

since ~부터(이후)

The more I look at it, the more I like it.
I would like to have a bicycle like this.

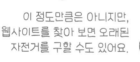

그럼군요. 근데 정말 보면 볼수록 자전거가 멋지네요.
저도 이런 자전거 갖고 싶어요.

Although it might not be
like this, you can find
an old bicycle on web-site.

이 정도만큼은 아니지만,
웹사이트를 찾아 보면 오래된
자전거를 구할 수도 있어요.

Really? Can you please
let me know the web-site
address? I would like to
take a look.

그래요? 사이트 주소 좀 알려주실래요?
한번 보고 싶네요.

Yeah, sure.
네, 물론이죠.

although (비록) ~이긴 하지만, 그러나, 하지만
take a look 축 (~을) 한 번 보다

The more~ the more~ 는 **~할수록 ~하다**는 의미입니다. 기본 형태부터 볼까요?

▌**The more, the better.** 많을수록 좋아요.

▌**The earlier, the better.** 빠를수록 좋아요.

▌**The cheaper, the better.** 쌀수록 좋아요.

기본 형태는 항상 **the better**로 끝나네요. 이번에는 좀 더 길어지는 응용 표현을 살펴보겠습니다.

▌**The more I see it, the more I like it.** 보면 볼수록 좋아요.

▌**The earlier you come, the earlier you can leave.**
일찍 올수록 빨리 떠나요.

▌**The cheaper it is, the more I will buy it.** 싸면 많이 살게요.

영어 실력을 늘리겠다는 생각을 버려라

　여기 체중감량을 하기 위해 고민 중인 사람이 있다. 이것저것 생각하다가 고른 방법이 테니스였다. 결국, 테니스 코트를 찾아가 코치에게 이렇게 이야기한다. "테니스를 열심히 배워서 꼭 살을 빼고 싶어요!"

　세상엔 다이어트법이 많다. 하지만 그 대부분은 고통을 수반하는 것들이다. 테니스라는 스포츠에 이제는 다이어트라는 목적이 더해졌다. 재미있어야 할 활동이 의무감에 떠밀린 숙제로 변한다. 고통에 고통을, 지루함에 지루함을 더하는 최악의 선택이다. 만약 당신이 이 사람의 테니스 코치라면 어떤 말을 해주고 싶겠는가?

여기 영어 실력 향상에 대해 고민 중인 사람이 있다. 이 것저것 생각하다가 고른 방법이 외국인과의 대화였다. 결국 이 책을 발견하고 첫 장을 펴들며 이렇게 중얼거린다. "외국인과 열심히 대화해서 꼭 영어 천재가 되겠어!" 그러면 우리는, 당신에게 어떤 말을 들려줘야 하겠는가?

물론, 이 책은 그러한 당신의 기대에 부응하기 위해 만들어진 책이다. 그러나 그럼에도 당신에게 꼭 당부하고 싶은 것이 있다. 고통에 고통을, 지루함에 지루함을 더해서는 안 된다는 것이다. 테니스든 외국인과의 대화든, 본디 어렵고 지루한 일을 쉽고 즐겁게 하기 위해 선택하는 방법이다. 그런데 쉽고 즐거운 일을 어렵고 지루하게 하면 어떻게 되겠는가?

그럴더라도, 외국인과의 대화가 처음부터 마냥 쉽고 즐겁기만 한 건 아니다. 많은 사람들이 아래와 같은 이유 때문에 외국인과의 대화를 포기해버린다.

영어 실력 향상을 위해
외국인에게 접근할 때의 문제점

1. 생각만큼 영어가 빨리 늘지 않아 즐겁지 않다.

2. 애초에 즐거움이 동기가 아니었으므로 즐겁지 않다.

3. 서로 마음이 통하지 않기 때문에 상대방 역시 즐겁지 않은 것 같다.

4. 마음이 위축되고 매 순간 "내가 지금 이게 뭐 하는 짓인가?"하는 생각에 휩싸인다.

무엇이든 처음 배우는 것은 쉽지 않다. 테니스도 그렇고, 영어 대화도 그렇다. 그러나 다이어트나 영어 공부에 비해서는 문턱이 낮다. 고생스러운 마음을 조금 참고 이어가다 보면 곧 그것의 재미에 빠져들게 된다. 그 이후에는 재미가 노력을 부르고, 노력이 성취를 일으키며, 그것이 다시 재미로 이어진다. 체중감량이나 영어 실력은 부수적 결과로 자연스레 따라 붙는다. 이른바 부수 효과 side effect 다.

그러니 외국인과의 대화를 통해 영어 실력을 늘리겠다는 욕심은 일단 접어두자. 살을 빼야겠다거나 영어 실력을 늘리겠다는 마음가짐보다는 테니스나 대화를 즐기겠다는 마음가짐으로 시작하는 게 여러 모로 나은 방법이다. 그렇다면 어떤 마음으로 외국인과의 대화를 시작하는 것이 좋을까?

대화에 빠져들면, 마법처럼 영어가 머릿속에 들어온다

마음은 곧 자세로 드러난다고들 한다. 무거운 마음엔 무거운 자세가, 가벼운 마음엔 가벼운 자세가 드러난다. 한편 자세는 곧 마음을 드러낸다고도 한다. 무거운 자세에는 무거운 마음, 가벼운 자세에는 가벼운 마음이다. 그렇다면 외국인과의 대화를 시작하는 데는 어떠한 자세를 갖춰야 할까? 정답은 "그런 건 없다."이다.

　외국인과의 대화에서 우리가 가져야 할 특별한 자세는 없다. 아니, 없어야 한다. 목적을 가진 대화가 즐거울 수가 있을까? 항상 그런 건 아니지만, 목적을 의식한 대화는 즐거워지기가 쉽지 않다. 학점을 의식하고 교수에게 억지로 질문을 던져대는 학생이 있다. 그런 대화가 즐겁겠는가? 인맥을 만들기 위해 힘들게 비위를 맞춰가며 해야 하는 접대형 대화도 있다. 웃고 떠들고 있을지언정, 그것이 진심에서 우러나온 웃음일 수 있겠는가? 치열하게 의견을 관철시켜야 하는 회의에서의 대화, 혹은 협상 과정에서의 밀고 당김도 마찬가지다. 목적을 우선시한 이런 대화들에는 그저 대화로 이루어야 할 목적만 떠돌 뿐, 진실미도 없고, 재미라는 것도 없다. 그 과정에 어떤 재미가 있다 해도, 그것은 잘 짜여진 한 편의 연극처럼 계산된 재미일 뿐이다.

　영어는 높낮이가 큰 억양을 사용한다. 외국인과의 대화는 감정의 표현도 격하고, 리액션 역시 과장스러워 보일 때가 많다. 마치 연극과도 같지만 사실은 각본이 없기에 더욱 즐거워지는 게 이러한 대화다. 연극에 스포일러가 필요 없듯, 연극을 즐기는 관객에게 각본이 필요할 일은 없다. 심지어 배우들조차 더 좋은 연기를 위해서는 극을 이해하고 극에 몰입하며 누구보다 즐기는 사람이 되어야 한다.

 연극을 하려면 먼저 각본을 외워야 하지 않겠냐고? 그렇지 않다. 연기에 빠져들면 마법처럼 대사가 머릿속에 들어온다. 그리고 외국인과의 대화에 빠져들면 마법처럼 영어가 머릿속에 들어온다. 그것을 정리하여 머릿속에 쌓아두는 게 배우에게는 각본 암기이며, 우리에게는 영어 지식이다. 암기가 중요하지만 그것이 첫 번째는 아니다.

　그래도 언어의 귀결은 결국 암기다. 외국인과의 대화를 추천하는 것도 따지고 보면 그 이유에서다. 자신이 말하면서 기억하고, 또 상대의 말을 들으면서 기억한다. 그런데, 알다시피 기억이라는 것은 우리가 마음먹은 대로 잘 되지 않는다. 가장 흔한 방법이 반복이다. 외워질 때까지 외우는 것이다. 하지만 이렇게 여러 번 반복하는 것보다 훨씬 더 좋은 방법이 있다. 그것은 우리의 감정을 이용하는 것이다. 이를테면 기쁨, 슬픔, 분노, 창피함, 안타까움, 안도감 같은 감정 말이다. 배우는 자신이 받은 감동을 전달하기 위해 각본을 외운다. 그리고 관객은 감동에 휩싸인 동안 자기도 모르게 각본을 머릿속에서 외워버린다. 외국인과의 대화는 관객과 배우의 역할을 번갈아 넘나드는 유쾌하고 즐거운 공연이다.

전 세계의 다양한 문화에 호기심을 가져라

대화는 원래 즐겁다. 이 말에 동의하지 않는 사람은 얼마 되지 않을 것이다. 그렇다면 우리는 대화를 통해 어떤 즐거움을 얻는 것일까? 나와 같은 생각을 하는 사람과의 대화도 즐겁지만 이와 정반대로 나와 전혀 다른 생각과 사고방식을 가진 사람과 대화하는 것도 커다란 즐거움이다. 하물며 나와 전혀 다른 문화권에서 살아온 사람과의 대화라면 어떻겠는가?

필자와 친하게 지내는 외국인의 집에 초대 받은 적이 있다. 영국 사람인데, 일 때문에 한국에 들어와 산다. 그는 친절히 역까지 마중 나왔고, 우리는 함께 그의 동네를 가로질러 걸었다. 필자를 당혹하게 한 작은 사건이 벌어진 것은 바로 이때였다. 친구와 함께 걷는 내내, 마주치는 동네 꼬마들이 죄다 그를 보며 '우와! 미국 사람이다!'라고 소리쳤던 것이다. 하지만 필자와 달리 영국 사람인 내 친구는 그리 당황한 것 같지 않았다. 그는 웃으며 이렇게 말했다.

"모든 외국인은 미국 사람이지."

아직도 그 대답이 잊히질 않는다. 그때야 오래전의 일이고 요즘처럼 영어 유치원을 찾아보기도 어려운 시절이었지만, 지금이라고 해서 우리 중 누가 이런 시절의 생각에서 완전히 자유로울 수 있을까? 외국인과의 대화에 대해 얘기하면 지금도 여전히 많은 사람이 서양사람, 특히 미국 사람을 떠올릴 것이다.

다시 말하지만, 외국인과의 대화란 외국 문화와의 대화가 아닐까. 그런 면에서 본다면 우리에게 가장 익숙하고 그래서 가장 지루한 문화는 바로 미국 문화다. 미국에 한 번도 가본 적이 없는 사람들도 영화나 드라마를 통해 너무도 쉽게 미국 문화를 접하고 있다. 이 책을 읽고 있는 여러분 중 과연 누가 미국 문화 이야기를 듣고서 "아! 미국 사람들은 그렇게 살고 있군요?"하면서 신기해 할 것인가? 보통 사람에게는 가장 궁금하지 않은 나라가 미국이고 가장 신기하지 않은 문화가 미국 문화일지도 모른다. 그런데, 막상 대화를 해보면 그게 꼭 그렇지만은 않다.

불고기와 신선로를 즐겨 먹고, 한 살만 차이 나도 어른에게 깍듯이 대하며, 축제 때는 부채춤과 탈춤과 강강술래를 추고, 표정이 드러나지 않는 하얀 얼굴로 전쟁의 위기 속을 살아가는 일촉즉발의 나라.

얼마 전까지, 한국에 대한 외국인의 인상은 대체로 이랬다. 그나마 이 정도까지 아는 외국인도 드물었다. 하지만 이 모든 걸 안다 한들 그것이 당신 자신의 모습을 말해주는가? 아마 신선로가 뭔지도 모르는 사람도 적지 않을 것이다.

　문화는 시대에 따라 변한다. 하물며 개개인의 모습은 그 문화의 영향을 받아 각자가 개성 있게 발전시킨 모습이다. 규칙이 똑같은 축구조차도, 팀마다 전술이 다르고 개성이 있다. 비빔밥도 전주와 진주의 것은 분명히 다르다. 자신의 문화권을 떠나, 서로 다른 문화권의 각기 다른 개인을 만나는 일이 즐겁지 않을 일은 결코 없다. 그렇더라도, 외국인과의 대화라고 해서 꼭 미국 문화에 집착하지 말아야 할 이유는 분명히 있다. 그럼 그 이유는 무엇일까?

미국을 버리면 영어가 쉬워진다

질문을 해보겠다. 세상에서 영어로 대화가 가장 잘 통하는 나라는 어디일까? 미국? 캐나다? 영국? 호주?

답을 하려고 생각해보니 질문이 좀 이상하다. 영어만 쓰는 나라에서 영어가 가장 잘 통하는 것은 당연한 거 아닐까? 질문을 다시 해보자. 영어는 세계 공통어다. 꼭 미국식이나 영국식 영어가 아니라도 영어를 사용하는 국가는 많다. 그렇다면 이 중에서 영어로 대화가 가장 잘 진행되는 나라는 어디일까? 정확한 답은 필자도 모르지만, 확실한 것은 위 네 나라는 절대 아니라는 것이다. 어쩌면 유럽이나 인도쯤이 아닐까.

이쯤 되면 질문이 어렵다며 조금 짜증을 내는 분들도 있을 것이다. 게다가 미국에서 영어가 통하지 않는다? 이건 도대체 무슨 소리인가?

누군가가 '지식인'이라는 단어를 이렇게 정의했다. "지식인이란 남의 일을 자기 일처럼 고민하는 사람이다." 지식인까지는 아닐 수도 있지만, 적어도 영어 지식을 늘려나가려 하는 우리는 우리 밖의 문화에 대해 존중하고 관심을 두는 사람들이다. 사실 영어를 배우려는 이유도 바로 그거에 있지 않을까? 외국어를 배우는 행위에는 이런 특별한 의미가 숨어 있다고 필자는 믿는다.

그래서 외국을 여행하다가도, 영어를 배워서 사용하는 외국인을 만나면 반가움이 느껴진다. 영어가 모어가 아닌데 대한 일종의 동질감과 함께 서로에 대한 배려심도 느껴진다. 각자 다른 언어를 사용하는 사람이 만나, 영어를 매개로 소통하는 매력. 자연스럽고, 쉽고 편한 의사소통은 아니지만, 영어를 통해 하는 어색한 의사소통이 오히려 대화의 재미있는 부분이 되는 셈이다. 그런데 만약 상대가 영어를 모국어로 사용하는 사람이라면 어떨까? 영어를 모국어로 쓰고, 그렇기 때문에 다른 외국어를 성실하게 배워 본 적이 없는 사람과의 대화 말이다. 이쯤 되면 아마 당신은 처음에 저런 질문을 받게 된 이유를 눈치챘을 것이다.

세계인들과 대화하라

 영어가 세계 공통어라는 것은 누구나 알고 있다. 그렇다면 영어만 사용한다고 세계인이 될 수 있을까? 영어를 더 유창하게 구사하면 더욱 세계인이 되는 걸까?

 만약 세계인이 되기 위한 덕목이 한 가지 있다 해도, 그것이 분명 영어 실력은 아닐 것이다. 그보다는 서로의 문화 차이를 이해하고 다가가려는 노력이 더 덕목에 적합하지 않을까? 지금 당신이 관심을 두는 영어 공부 또한 그런 노력의 하나라고 볼 수 있을 것이다.

앞에서 영어를 모국어로 사용하는 사람들과는 오히려 대화가 잘 통하기 어렵다는 말을 한 적이 있다. 이들은 사실 다른 나라 말을 배울 필요를 크게 느끼지 못하며 사는 사람들이다. 그 이유를 굳이 설명할 필요는 없을 것이다. 태어나면서부터 한 가지 언어를 사용해왔는데 하필이면 그것이 세계 공통어라니 한마디로 억세게 재수 좋은 상황이라 하겠다. 하지만 불행하게도 이들 중 어떤 이들은 정작 진정한 의미의 세계어가 무엇인지 이해하지 못한다. 진주 목걸이가 엉뚱한 곳에 걸려 있는 꼴이다.

세계어가 아닌 모국어로 영어를 사용하는 사람들의 특징은 무엇일까? 그것은 매우 간단하다. 한 마디로 이들은 다른 문화권에 대한 배려가 없다. 만약 당신이 이들과 영어로 대화를 한다고 생각해보자. 당신의 유창하지 못한 영어를 들으며 이들은 분명 짜증을 낼 것이다.

그들은 당신을 '말도 제대로 못하는' 바보스러운 외국인으로 생각할지도 모른다. 당신이 제대로 못하는 건 '말'이 아니라 '영어'일 뿐인데 그들은 그걸 구분할 줄 모른다. 정작 본인은 세계어를 배우기 위해 어떤 노력도 한 적이 없음에도 말이다. 필자는 혹시라도, 만에 하나라도, 당신이 이런 이들과의 대화에서 상처를 받을까 걱정된다. 그래서 세계인들과의 대화의 문마저 닫아버릴까 두렵다.

  그러니 생각해보자. 유창한 영어를 구사하는 것이 어찌 자랑스러운 일이란 말인가? 반대로 영어를 유창하게 구사하지 못하는 것이 어찌 부끄러운 일이란 말인가? 정말 부끄럽고 불쌍한 것은 바로 이와 같은 생각을 하는 그 사람이다. 바보가 우리를 바보라 부른다고 상처받아서는 안 된다. 정말 불쌍한 것은 자신이 바보인 것을 모르는 바로 그들이다.

  그렇다고 해서 영어를 모국어로 사용하는 사람들을 무조건 피하라는 것은 아니다. 이들 중에도 깨어 있는 사람들은 얼마든지 있다. 다만 필자는 확률을 이야기하고 싶고 또 생각의 전환을 당부하고 싶은 것이다. 그러니 가능하면, 영어를 모어가 아니라, 외국어로 배워서 대화하는 외국인을 처음으로 만나라. 틀림없이 그는 당신의 좋은 친구가 되어줄 것이다.

처음 만난 외국인과 스몰토크

1판 1쇄 2023년 12월 1일

저   자 Mr. Sun
펴 낸 곳 OLD STAIRS
출판 등록 2008년 1월 10일 제313-2010-284호
이 메 일 oldstairs@daum.net

가격은 뒷면 표지 참조
979-11-7079-013-6